FAIS PAS DANS LE PORNO…

DU MÊME AUTEUR

A compter de 2003, les San-Antonio seront numérotés par ordre chronologique d'écriture de Frédéric Dard, qui est aussi l'ordre originel des parutions.
Cette décision entraîne un changement de numérotation des S-A nº 1 à 107. Par contre, la numérotation des S-A nº 108 à 175 reste inchangée. (Voir à la fin de ce volume le tableau de correspondance entre l'ancienne numérotation et celle indiquée ci-dessous.)

1 *Réglez-lui son compte !*
2 *Laissez tomber la fille*
3 *Les souris ont la peau tendre*
4 *Mes hommages à la donzelle*
5 *Du plomb dans les tripes*
6 *Des dragées sans baptême*
7 *Des clientes pour la morgue*
8 *Descendez-le à la prochaine*
9 *Passez-moi la Joconde*
10 *Sérénade pour une souris défunte*
11 *Rue des Macchabées*
12 *Bas les pattes !*
13 *Deuil express*
14 *J'ai bien l'honneur de vous buter*
15 *C'est mort et ça ne sait pas !*
16 *Messieurs les hommes*
17 *Du mouron à se faire*
18 *Le fil à couper le beurre*
19 *Fais gaffe à tes os*
20 *A tue... et à toi*
21 *Ça tourne au vinaigre*
22 *Les doigts dans le nez*
23 *Au suivant de ces messieurs*
24 *Des gueules d'enterrement*
25 *Les anges se font plumer*
26 *La tombola des voyous*
27 *J'ai peur des mouches*
28 *Le secret de polichinelle*
29 *Du poulet au menu*
30 *Tu vas trinquer, San-Antonio*
31 *En long, en large et en travers*
32 *La vérité en salade*
33 *Prenez-en de la graine*
34 *On t'enverra du monde*
35 *San-Antonio met le paquet*
36 *Entre la vie et la morgue*
37 *Tout le plaisir est pour moi*
38 *Du sirop pour les guêpes*
39 *Du brut pour les brutes*
40 *J'suis comme ça*
41 *San-Antonio renvoie la balle*
42 *Berceuse pour Bérurier*
43 *Ne mangez pas la consigne*
44 *La fin des haricots*
45 *Y a bon, San-Antonio*
46 *De « A » jusqu'à « Z »*
47 *San-Antonio chez les Mac*
48 *Fleur de nave vinaigrette*
49 *Ménage tes méninges*
50 *Le loup habillé en grand-mère*
51 *San-Antonio chez les « gones »*
52 *San-Antonio polka*
53 *En peignant la girafe*
54 *Le coup du père François*
55 *Le gala des emplumés*
56 *Votez Bérurier*
57 *Bérurier au sérail*
58 *La rate au court-bouillon*
59 *Vas-y Béru !*
60 *Tango chinetoque*
61 *Salut, mon pope !*
62 *Mange et tais-toi*
63 *Faut être logique*
64 *Y a de l'action !*
65 *Béru contre San-Antonio*
66 *L'archipel des Malotrus*
67 *Zéro pour la question*
68 *Bravo, docteur Béru*
69 *Viva Bertaga*
70 *Un éléphant, ça trompe*
71 *Faut-il vous l'envelopper ?*
72 *En avant la moujik*
73 *Ma langue au chah*
74 *Ça mange pas de pain*
75 *N'en jetez plus !*

76 *Moi, vous me connaissez ?*
77 *Emballage cadeau*
78 *Appelez-moi chérie*
79 *T'es beau, tu sais !*
80 *Ça ne s'invente pas*
81 *J'ai essayé : on peut !*
82 *Un os dans la noce*
83 *Les prédictions de Nostrabérus*
84 *Mets ton doigt où j'ai mon doigt*
85 *Si, signore*
86 *Maman, les petits bateaux*
87 *La vie privée de Walter Klozett*
88 *Dis bonjour à la dame*
89 *Certaines l'aiment chauve*
90 *Concerto pour porte-jarretelles*
91 *Sucette boulevard*
92 *Remets ton slip, gondolier*
93 *Chérie, passe-moi tes microbes !*
94 *Une banane dans l'oreille*
95 *Hue, dada !*
96 *Vol au-dessus d'un lit de cocu*
97 *Si ma tante en avait*
98 *Fais-moi des choses*
99 *Viens avec ton cierge*
100 *Mon culte sur la commode*
101 *Tire-m'en deux, c'est pour offrir*
102 *A prendre ou à lécher*
103 *Baise-ball à La Baule*
104 *Meurs pas, on a du monde*
105 *Tarte à la crème story*
106 *On liquide et on s'en va*
107 *Champagne pour tout le monde !*
108 *La pute enchantée*
109 *Bouge ton pied que je voie la mer*
110 *L'année de la moule*
111 *Du bois dont on fait les pipes*
112 *Va donc m'attendre chez Plumeau*
113 *Morpions circus*
114 *Remouille-moi la compresse*
115 *Si maman me voyait !*
116 *Des gonzesses comme s'il en pleuvait*
117 *Les deux oreilles et la queue*
118 *Pleins feux sur le tutu*
119 *Laissez pousser les asperges*
120 *Poison d'avril ou la vie sexuelle de Lili Pute*
121 *Bacchanale chez la mère Tatzi*
122 *Dégustez, gourmandes !*
123 *Plein les moustaches*
124 *Après vous s'il en reste, monsieur le Président*
125 *Chauds, les lapins !*
126 *Alice au pays des merguez*
127 *Fais pas dans le porno*
128 *La fête des paires*
129 *Le casse de l'oncle Tom*
130 *Bons baisers où tu sais*
131 *Le trouillomètre à zéro*
132 *Circulez ! y a rien à voir*
133 *Galantine de volaille pour dames frivoles*
134 *Les morues se dessalent*
135 *Ça baigne dans le béton*
136 *Baisse la pression, tu me les gonfles !*
137 *Renifle, c'est de la vraie*
138 *Le cri du morpion*
139 *Papa, achète-moi une pute*
140 *Ma cavale au Canada*
141 *Valsez, pouffiasses*
142 *Tarte aux poils sur commande*
143 *Cocottes-minute*
144 *Princesse patte-en-l'air*
145 *Au bal des rombières*
146 *Buffalo Bide*
147 *Bosphore et fais reluire*
148 *Les cochons sont lâchés*
149 *Le hareng perd ses plumes*
150 *Têtes et sacs de nœuds*
151 *Le silence des homards*
152 *Y en avait dans les pâtes*
153 *Al capote*
154 *Faites chauffer la colle*
155 *La matrone des sleepinges*
156 *Foiridon à Morbac City*
157 *Allez donc faire ça plus loin*
158 *Aux frais de la princesse*
159 *Sauce tomate sur canapé*

160 *Mesdames, vous aimez ça*
161 *Maman, la dame fait rien qu'à me faire des choses*
162 *Les huîtres me font bâiller*
163 *Turlute gratos les jours fériés*
164 *Les eunuques ne sont jamais chauves*
165 *Le pétomane ne répond plus*
166 *T'assieds pas sur le compte-gouttes*
167 *De l'antigel dans le calbute*
168 *La queue en trompette*
169 *Grimpe-la en danseuse*
170 *Ne soldez pas grand-mère, elle brosse encore*
171 *Du sable dans la vaseline*
172 *Ceci est bien une pipe*
173 *Trempe ton pain dans la soupe*
174 *Lâche-le, il tiendra tout seul*
175 *Céréales killer*

Hors série :

Histoire de France.
Le standinge.
Béru et ces dames.
Les vacances de Bérurier.
Béru-Béru.
La sexualité.
Les Con.
Les mots en épingle de Françoise Dard.
Queue-d'âne.
Les confessions de l'Ange noir.
Y a-t-il un Français dans la salle ?
Les clés du pouvoir sont dans la boîte à gants.
Les aventures galantes de Bérurier.
Faut-il tuer les petits garçons qui ont les mains sur les hanches ?
La vieille qui marchait dans la mer.
San-Antoniaiseries.
Le mari de Léon.
Les soupers du prince.
Dictionnaire San-Antonio.
Ces dames du Palais Rizzi.
La nurse anglaise.
Le dragon de Cracovie.
Napoléon Pommier.

Œuvres complètes :

Vingt-neuf tomes parus.

Morceaux choisis :

1. *Réflexions énamourées sur les femmes*
2. *Réflexions pointées sur le sexe*
3. *Réflexions poivrées sur la jactance*
4. *Réflexions appuyées sur la connerie*
5. *Réflexions sur les gens de chez nous et d'ailleurs*
6. *Réflexions passionnées sur l'amour*
7. *Réflexions branlantes sur la philosophie*
8. *Réflexions croustillantes sur nos semblables*
9. *Réflexions définitives sur l'au-delà*
10. *Réflexions jubilatoires sur l'existence*

Mes délirades

SAN-ANTONIO

FAIS PAS DANS LE PORNO...

Une oeuvre exceptionnelle
et néanmoins bon marché

Fleuve Noir

A Camille DUTOURD
de l'Académie française par alliance,
avec la tendresse de l'imbicornable

San-A.

Edition originale
parue dans la même collection
sous le même numéro

ISBN 2-265-07581-7
ISSN 0768-1658

PREMIÈRE PARTIE

VOYAGE AU BOUT DE L'HORREUR

LE SCÉNARIO

Une pièce de séjour dans un immeuble bourgeois. C'est cossu, moelleux, traditionnel.

Monsieur Lagrosse (45 ans environ) lit son journal devant la cheminée.

Son épouse, Nathalie (la quarantaine), enfile la veste de son tailleur Chanel.

Martine, la jeune soubrette, vêtue en femme de chambre de comédie, entre, portant le plateau du café.

NATHALIE *(à Martine)* :

Je n'en prendrai pas. J'ai rendez-vous avec mon dentiste et je suis en retard.

Elle va déposer un baiser distrait sur le front de son époux.

NATHALIE :

Au revoir, Georges ; tu seras là pour le dîner ?

GEORGES *(sans cesser de lire)* :

Bien sûr.

Nathalie prend son sac à *main sur un meuble et gagne la porte.*

MARTINE :

Au revoir, Madame.

NATHALIE :

Vous n'oublierez pas de passer chez le teinturier prendre mon ensemble de soie bleu.

MARTINE :

Non, Madame.

Elle s'empare d'une soucoupe munie de sa tasse et va la présenter à M. Lagrosse.

MARTINE :

Votre café, Monsieur.

Lagrosse laisse tomber un côté du journal et s'empare de la tasse.

MARTINE :

Je remplis ?

LAGROSSE :

A ras bord, j'ai besoin d'un coup de fouet.

La soubrette verse le café, trop généreusement

puisque le liquide brun déborde et ruisselle sur le pantalon de son patron.

LAGROSSE :

Vous ne pouvez pas faire attention, idiote !

MARTINE :

Je vous demande pardon, Monsieur ! Ne bougez pas !

Elle va reposer la cafetière sur le plateau et sort précipitamment pour revenir aussitôt avec une serviette humectée.

MARTINE :

Vous permettez ?

La jeune fille s'agenouille auprès de Lagrosse et se met à fourbir avec une savante énergie la tache située dans la région de la braguette.

MARTINE :

Ça part, Monsieur…

LAGROSSE *(d'une voix changée)* :

Moi aussi !

(un temps, il ferme à demi les yeux)

Vous avez vu, un peu, l'effet que vous me faites ?

Effectivement, une protubérance significative dilate son pantalon au point de frottement.

MARTINE *(stupéfaite)* :

Ah ! ben ça, alors !

LAGROSSE *(parti, en effet)* :

Continue, continue !

MARTINE :

Mais qu'est-ce qui vous arrive ?

Lagrosse extrait de ses frusques un sexe surdimensionné. Martine a un mouvement de recul devant l'énormité de l'appareil.

MARTINE :

Ça existe, un membre pareil !

LAGROSSE :

La preuve ! Allez, occupe-t'en, petite salope ! Ne me laisse pas en panne !

MARTINE *(pleurant)* :

Pourquoi que vous me traitez de salope ! Je suis une honnête fille !

LAGROSSE :

C'est une maladie dont on guérit vite ! Tu vas me déguster, oui ou merde !

Résignée, la petite bonne prend l'objet dans sa bouche sans cesser de pleurer.

LAGROSSE :

Pleure pas la bouche pleine, tu vas t'étouffer !

Elle essaie de se justifier, mais ses moyens d'élocution sont trop perturbés pour qu'elle puisse s'exprimer distinctement, aussi renonce-t-elle pour se consacrer à sa tâche.

Lagrosse y prend un plaisir extrême. Il se renverse le plus possible dans son fauteuil en émettant des râles de plaisir.

Au plus fort de son bonheur, la porte s'ouvre et Nathalie réapparaît.

NATHALIE *(dans le mouvement)* :

J'avais oublié mon…

Elle reste coite devant le spectacle.

La petite bonne interrompt sa fellation.

MARTINE :

Madame ! C'est… Je…

Nathalie sourit et s'avance.

NATHALIE :

Ne vous dérangez pas pour moi, ma fille ! Continuez, le tableau est charmant.

Résignée, Martine retourne à son occupation. Les gémissements de Lagrosse vont crescendo. Nathalie s'approche de la soubrette et lui retrousse sa robe noire, découvrant un adorable slip blanc arachnéen, des bas et un porte-jarretelles noirs, le tout mettant en valeur un exquis fessier.

NATHALIE *(troublée)* :
Et elle met des porte-jarretelles ! C'est délicieux !

Elle s'agenouille derrière la petite bonne et…

FAIS PAS DANS LE SENSIBLE !

Ecœuré, je balance le scénario sur la moquette.

— Ça te plaît pas ? s'étonne Toinet.

— Où as-tu trouvé cette saleté ?

— C't'un type qui me l'a donnée à lire ; t'as tort de pas aller plus loin : ça devient pilpatant. La patronne fait minouche à la bonne, seulement voilà que deux déménageurs arrivent pour livrer un piano, et alors ça tourne cosaque ; magine-toi qu'ils plongent dans la mêlée avec des gourdins gros comme le bras ; bientôt, on n'sait plus qui est qui. La vieille concierge se pointe, alertée par le chahut. La partouze l'excite comme une folle et la brave Mâme Michu se fait un doigt de cœur… Et puis…

— Ça suffit ! hurlé-je.

Surpris par la violence de mon éclat, le garnement reste bouche bée.

— Dis, Antoine, tu vas pas chiquer les pères-la-pudeur, avec toutes les conneries que t'écris ! finit-il par articuler.

— Je fais dans le gaulois, pas dans le porno,

môme ; si la nuance t'échappe, je te l'expliquerai. Quel âge as-tu ?

— Bientôt douze balais !

— Et tu lis des insanités pareilles !

— Ben quoi, c'est marrant. Note que je pige pas tout…

— Ah ! bon, me rassuré-je. Par exemple, qu'est-ce que tu n'as pas compris ?

— Simplement le mot fellation ; pour le reste ça a joué.

— Qui t'a prêté ce truc immonde ?

— Un type, je te dis. Paraît qu'il est scénarien et il écrit des sujets de films « X ». Moi, franchement, je le trouve doué.

— Où l'as-tu connu ?

— Place de l'Eglise, là qu'on va jouer avec les copains le mercredi aprème. Il est assis sur un banc. Souvent il nous parle. Moi, il m'a pris à la chouette, c'est à cause qu'il m'a prêté son scénar.

— Il n'a jamais essayé de t'entraîner chez lui… ou ailleurs ?

— Non, jamais.

— Il vous parle, mais pour vous dire quoi ?

— Il nous demande comment ça marche l'école, si on est forts en dissertes, si on a des bonnes amies et si on les touche ; des conversations ordinaires, quoi !

— Et pourquoi t'a-t-il passé ce scénario ?

— Pour me montrer le genre de films qu'il écrit.

— Tu dois le lui rendre quand ?

— C't'aprème, puisqu'on est mercredi.

— S'il te proposait d'aller avec lui pour acheter des gâteaux ou je ne sais quoi, tu le suivrais ?

Toinet me considère avec commisération.

— T'sais bien que non, Antoine, à force que vous me rabâchiez de jamais suiv' personne, m'man et toi, ce serait malheureux. Et pourtant, tu vois, c't'un type sympa ; tu le connaîtrais, t'aurais confiance.

— Peut-être, admets-je évasivement.

Pour le connaître, je vais le connaître, ce sale coco !

Je me promets, pour commencer, de lui faire manger ses dents, qu'elles soient vraies ou fausses ; ensuite on discutera à baston rompu.

Comme le môme reconnaîtrait ma chignole, je la laisse dans ce que Béru appelle « une rue agaçante », et c'est à pinces que je gagne la place de l'Eglise (en anglais *The Church Place).*

Mon aspect est un peu modifié, histoire de ne pas attirer l'attention du gars Toinet. J'ai sorti de la grosse garde-robe reliquaire du grenier un pardessus de feu papa, forme sac, en tissu pelucheux à carreaux qui me fait ressembler à un lampadaire car il est très large et très court. Une casquette tirée du même endroit sacré, dont la visière me dévale jusqu'aux sourcils ; et, pour finir, des lunettes à petite monture de fer et aux verres bleutés.

Ainsi affublé, il serait surprenant que notre adopté me retapisse, surtout pris comme il l'est par l'excitation du jeu.

De loin, je capte un plan général de la place. L'église très « Ile-de-France-Utrillo », dans le fond. Les petits immeubles de meulière occupant les trois autres côtés. Et puis, la place elle-même, avec une demi-douzaine de platanes et quatre bancs. La municipalité a aménagé une « aire de jeux » composée d'un tas de sable truffé de merdes de chiens et d'un toboggan de ciment bleu, vachement écaillé. Malgré la vingtaine de gosses en train de jouer, l'ensemble demeure paisible. L'un des derniers coins de la banlieue de jadis. Presque une carte postale qui n'en finit pas de devenir pâle et grisâtre sur fond de buildings vitreux à carcasses métalliques.

Je prends place sur le banc le plus éloigné des mômes, sors un magazine de ma fouille et fais mine de le lire après avoir percé un trou en son milieu. Toinet a posé le manuscrit de son « scénariste » sur le banc avoisinant le tas de sable, ainsi que son blouson et son cache-nez. La bande donne un remake de *Il était une fois la Révolution.* Un feu nourri crépite et des chariots attelés de chevaux fous passent à travers la mitraille, pareils à des chars romains héroïquement drivés par des postillons indifférents aux balles.

C'est beau. Les morts tombent. Puis, pas si morts que ça, se relèvent pour reprendre le combat. Toinet est gravement touché par la chevrotine d'un perfide qui vient de lui défourailler dans le dos, le salaud ! Il s'effondre dans le sable, tentant encore de dégainer son Colt dans un superbe effort de volonté.

Mais une douce infirmière, qui n'a pas peur des mouches à merde tournoyant au-dessus des étrons épars, vole au secours du héros, sa trousse à la main ! Elle crache sur un Kleenex pour désinfecter les horribles plaies du blessé. Celui-ci se laisse panser sans broncher. S'il faut lui couper la jambe, le bras, le thorax, la tête ou la zézette, eh bien soit ! Mais faites vite ! Le courage, ça n'attend pas. Il serre les dents et glisse sa main d'agonisant entre les jambes de l'infirmière, manière d'aller toucher sa chattounette. Toujours mettre à profit les circonstances. Une occasion négligée, et c'est un morceau de ton destin qui s'effrite.

L'intrépide jeune fille de dix ans ne le rebuffe pas, sachant bien que les derniers désirs d'un mourant sont sacrés.

Juste quand il cherche à enfoncer son médius, elle dit que « Fais gaffe de pas m'écorcher ! ».

Il objecte qu'on lui a coupé les ongles samedi soir. Alors, elle opère sans se soucier du sang qui bouillonne. Ça y est ! Voilà l'éclat d'obus ! Regarde ! Une capsule de Badoit ! T'as ça dans le ventre, ça te gêne pour manger ton quatre-heures, espère !

Elle est bousculée par un cheval emballé, celui du capitaine O'Conor mort sur sa bête et qui demeure en selle, le buste pendant, retenu par les étriers, moi je crois ? L'infirmière s'abat sur son blessé. Il lui biche les meules, vite fait.

Et c'est juste à ce moment qu'un gars prend place sur le banc où Toinet a laissé ses effets.

Notre garnement l'aperçoit, surmonte son agonie, dégage son doigt du frifri de l'infirmière, le respire un petit coup, machinalement ; puis se redresse et s'écarte du champ de bataille pour rejoindre l'arrivant. Les deux se mettent à discutailler. Toinet rend son script cochon au triste sire ; lequel, en échange, lui remet un opuscule illustré. Je sors mon stylo-jumelle d'approche pour mater la brochure. Grossissement : vingt fois. La couverture représente un athlète nu.

L'Antonio se lève et se met en marche, non pas en coupant droit, mais en contournant la place de façon à se pointer par-derrière. Toinet et son grand pote y vont de la menteuse à fond la bave.

Tant tellement que je me la radine sans qu'ils m'eussent subodoré. L'homme est relativement jeune : trente-cinq ans environ. Il porte un imperméable vert à épaulettes. Il est nu-tête. Brun, la chevelure abondante, sur la nuque ça forme comme un début de natte. Il a le bras allongé sur le dossier du banc et, du bout des doigts, caresse le cou de Toinet. Pris par leur converse, le môme ne se gaffe pas de l'attouchement.

Et mézigue, tu verrais ça : un vrai velours.

Cliiinc !

Le gars retire vivement son bras et, ahuri, regarde la paire de menottes qui se balance à son poignet. Il bondit, mais messire Moi-même, je l'abasourdis d'un chtare démoniaque sur l'oreille. Un taquet aussi monumental, t'en restes sourdingue pendant dix minutes, avec des vertiges mutins, voire des chandelles romaines dans les vasistas.

Je profite de son semi-K.-O. pour lui assurer le deuxième bracelet au second poignet.

— Antoine ! T'es dingue ! s'exclame notre adopté en me reconnaissant enfin.

— Va rejoindre tes potes, môme !

— Mais…

— File, si tu ne veux pas que je te satonne les noix !

Il se décide. La revue que lui a remise son « copain » reste sur le banc. Je m'assois auprès du gars et me mets à la feuilleter. Dedans, on ne trouve que des malabars à frimes pédoques. Des grands blonds sur des motos époustouflantes. Il y a une monstre échancrure dans leur bénouze de cuir et leur sexe s'étale sur le réservoir de la moto. C'est très ornemental.

Je roule la revue pour la glisser dans ma poche.

— On y va ? fais-je au mec.

Il pousse une triste frite, l'artiste. Peau blafarde, avec une barbe de quatre ou cinq jours. Le regard fiévreux, les cils farineux, des plis de chaque côté de la bouche.

Je le soulève par le colback et lui imprime l'impulsion de départ d'un coup de genou au bas du dos.

Nous n'échangeons aucune syllabe pendant le long parcours qui nous conduit à la Grande Taule. Mon prisonnier semble résigné à son sort. Il se tient immobile à la place passager, le dos contre la portière, la tête basse, rentrée dans ses épaules.

J'emprunte la voie sur berge. A un moment donné, alors que je me trouve à la hauteur de Grenelle, ça se met à bouchonner. Je ronge le frein de mon mal en patience en attendant la bienheureuse fluidification. De plus en plus, Paname a besoin de se mettre aux anticoagulants.

Ai-je raison d'embastiller ce tordu ? Une belle avoinée n'aurait-elle pas suffi à lui calmer les perversités ?

Mais les bas instincts sont accrochés à nous et nous accompagnent partout. Où que tu ailles, tu trimbales tes vices et tes misères. Tu peux frapper un salaud : tu lui casseras peut-être le nez, mais tu ne le guériras pas de sa saloperie.

Si je réfléchis, ce qui me chauffe à blanc contre ce minable, c'est qu'il s'en soit pris à Toinet, mon un peu fils. Quand tu es concerné par les vilenies d'un individu, elles te semblent beaucoup plus graves que lorsque ce sont les autres qui les subissent.

Toujours paré pour se tricoter des bouts de philosophie, l'Antonio comme tu le vois. La belle gamberge prête à sortir de son étui. Je dégaine fulgurant de la pensée, ma pomme. Le cove-bois du prêt-à-méditer, faut conviendre. C'est mon style, quoi.

Voilà que ça refluidifie un brin ; je donne de l'accélérateur. Juste comme, la portière du satyre s'ouvre et il choit à la renverse sur la chaussée. Je freine en catastrophe. Un choc ! Le zozo qui me suit en drivant une Pigeot vient de m'embugner. Il descend en râlant ! Moi de même, mais je ne prends garde qu'à mon prisonnier. Il n'a pas eu de bol, le suborneur de petits garçons, car non seulement il s'est éclaté la coquille sur la chaussée, mais en outre une fourgonnette des P. & T. vient de lui passer dessus.

C'est la monstre pagaille. L'enlisement brusque. Comme chaque fois, les cons de derrière klaxonnent à couffins utiles, espérant que leur trompette d'Aïda va débloquer la mêlée.

Le pigeotiste n'en a que pour sa calandre défoncée. Il trépigne que c'est ma faute. Le gars ensanglanté à côté de ses roues, il en a rien à cirer. Ici, c'est malheur aux vingt culs. T'avais qu'à tirer ta gueule ailleurs ! T'es crevé ? Tant mieux ! Ça va faire une carte d'électeur de moins à nourrir !

Et justement, crevé il l'est, l'homme des scénarios pornos. Déjà d'un blanc crayeux qui ne trompe pas. La manière qu'il garde les lampions entrouverts et fixes, bonsoir les copains ! Je palpe sa poitrine pour confirmation. Naze !

Merde ! Pour lors, un sentiment de culpabilité me grimpe le long des montants. De l'autre côté de la Seine, la tour Eiffel semble me tourner le dos, écœurée. Ses antennes berlusconesques sont plantées dans la ouate sale.

Je reviens à ma tire pour décrocher mon biniou et réclamer de l'aide. Va falloir rétablir la circulation dare-dare. Et puis embarquer « mon mort ». Car c'est *le* mien, t'admets ? Sans mon intervention, il serait encore sur la place de l'Eglise, à montrer des grosses bites de play-boys motorisés à Toinet. Pourquoi s'est-il jeté hors de la voiture ? Ma portière ne s'est pas ouverte toute seule ; c'est lui qui, en loucédé, l'a actionnée. Voilà pourquoi il se tenait bizarrement penché en avant : il voulait me cacher le déplacement de ses mains entravées. Qu'espérait-il en se jetant en arrière sur la voie de roulement ? Se sauver ? Avec les poucettes aux poignets, il ne pouvait courir vite. Non, y a du suicide dans cet acte. Il s'est élancé comme on se défenestre, sans s'occuper du flot de voitures qui déferlaient parallèlement à nous.

Je le contemple, lové au creux de son mystère, avec son regard éteint, sa bouche ouverte sur un ultime cri.

Le préposé de la morgue réceptionne la viande froide avec l'indifférence qu'engendre l'habitude. Les macchabées, cézigue, il en tripote à longueur d'année. Pour lui, un mort cesse d'être un homme pour devenir une matière inerte à répertorier.

Dans l'éclairage désastreux de la salle carrelée, il dessape le gars avec dextérité ; le met nu comme un ver. Les fringues s'accumoncellent sur une table roulante garée près de celle où gît le corps. L'imper d'abord. Il vide ses poches et dépose sa provende dans une espèce de corbeille métallique accrochée à la table. Ensuite, le veston, puis les chaussures, le pantalon, le slip, les chaussettes, la chemise, le foulard. Voici encore une chaîne d'or à laquelle est fixée une médaille pieuse.

Devant ce triste spectacle, mon cœur se serre de plus en plus. Une main d'ogre me broie la gorge. Putain de merde, il vivait ! Il convoitait un petit garçon. Et moi, la bonne conscience brandie, de me jeter sur lui au nom de la morale, des bonnes mœurs, de ma fausse paternité bafouée ! Au nom de la société miséreuse que, paraît-il, je suis payé pour défendre !

Il vivait ! Il est mort ! On le dépèce comme un mouton équarri. On lui arrache les peaux de la civilisation qui couvraient ses pulsions. Le voilà à poil, comme à sa naissance ou comme quand il faisait l'amour ou prenait un bain. Il va plonger dans le bain de la mort. Ne refera pas surface. C'est fi-ni !

J'avance jusqu'à la corbeille métallique et y prends son portefeuille de croco noir. Il faut au moins que je sache le nom de ma victime ! Tu ne peux pas laisser les gars que tu pousses au suicide dans l'anonymat, ce serait trop confortable pour ta conscience. Une laide entourloupe à la Ponce Pilate.

Quoi de plus désespérant que les papiers d'un défunt ? Ces documents désormais inutiles deviennent tragiquement dérisoires : « René-Louis BLÉROT, né à Versailles, le 5/02/56. Profession : homme de lettres. Demeurant 287 rue de Rennes. PARIS. »

Je note ces renseignements sur mon flic calepin.

Explore ce que contiennent encore les compartiments du portefeuille. Un carnet de timbres-poste, un carnet de tickets de métro. Une vieille lettre jaunie, dont les pliures font des trous et qui commence, en caractères pâlis et avec une écriture penchée, par « Mon cher fils »… Je la remets dans le portefeuille sans la lire.

Dans la poche principale se trouvent une quantité de « notes » jetées en hâte sur des coins de nappes en papier ou des marges de journaux. Car c'est vrai : il était « homme de lettres », René-Louis Blérot. Je n'ai jamais entendu parler de lui, mais, tu sais, des écrivains, j'en manque.

Je cueille l'une des « pensées » de mon mort. « Vous savez ce que c'est que de ne rien faire ? C'est faire un tas de choses. »

Pertinent !

Pour finir, je déniche sept cent trente francs et deux cartes de visite plus très fraîches portant ses nom et adresse.

Le morgueman en a terminé avec le nouveau venu. Il hèle un de ses collègues et ces deux messieurs déposent René-Louis dans un grand bac de zinc sorti d'une chambre froide murale dans laquelle ils l'enfournent aussitôt.

Voilà, terminé ! Au suivant.

Le suivant se pointe sans plus attendre : un vieillard défunté d'une crise cardiaque sur la voie publique. La vie est mouvance.

Bérurier narre.

Il explique ses pets au gibier chez le notaire de Saint-Locdu-le-Vieux où il est allé percevoir son fermage annuel, ayant donné le domaine héréditaire à cultiver à un plouc du coin.

Maître Dalloz, sensible au fait que ce glorieux enfant du pays avait été ministre, l'a convié à prendre un verre de Verveine liqueur chez lui. Et je laisse la parole au Gravos :

— Au r'pas d'à midi, j'avais clapé entre z'aut' choses un civet d'liève dur'ment faisandé. Le bougre, ses os te restaient dans les doigts tell'ment que la barbaque filandrait. T'aurais r'niflé c'fumet, mon pote, t't's'rais cru à la mise à jour d'un charnier. En allant chez l'notaire, ça m'tracassait la boyasse. Dans l'étude, j'arrive à m'contiendre, mais c'est dans son salon qu'j'ai craqué. Y m'vient une louise que, tout c'que j'pouvais faire, c'tait d'la rend' silencieuse. L'moelleux du fauteuil, ça m'aidait à assourdir, faut conviendre. J'y vais d'mon dégagement, que, Seigneur Dieu, quelle calamitas ! Une odeur comme jamais, Antoine ! La pure abominance. De quoi filer la gerbe à une armée d'rats d'égout ! La femme au notaire, c'est une vieille peau d'la haute : ch'veux bleutés, ruban d'velours autour du gloitre, face à face-à-main ; tout le chenil ! J'm'dis : « Béru, t'v'là déconsidérationné à vie ». Mais juste à c't'instant, qu'asperge sur l'fauteuil d'à côté d'moi ? Un p'tit klébar à la con, tout mignard, style nouillorkchaire, av'c le kiki rose dans c'qui y sert d'tifs. Aussitôt je m'penche sur lui et j'écrie : « Eh bien, y nous en balance des bioutifouls, le mignon fripon. Qu'est-ce y l'a pu manger pour fouetter d'la sorte, Azor ? Y s's'rait pas dégusté un'pie crevée, des fois ? Ou bien un'souris en pleine composition, j'pariererais !

« V'là les notaires morts d'honte. Qu'esclament comme quoi, l'paysan d'à côté fait rien qu'à laisser traîner des déchets inavouables que leur loulou s'empresse de mastéguer quand il sort faire son angélique pissou. La notaresse cramponne le cador-fanfreluche et le virgule au jardin. Bon, l'incendie est clos. Quand voilàlà-t-il pas qu'y m'arrive une nouvelle vague. Autant en apporte l'auvent, mon pote ! Une complète Berezina. Moi, affolé, j'me chapitre à outrance. J'm'exode ! Me supplille. Je m'prends aux parties. Me parle les yeux dans les yeux. « Alexandre-Benoît, t'as utilisé ton joker ; doré de l'avant, tu n'peux plus t'permett'd'loufer. Si tu largues c'nouveau pet, t'es banni à vie d'chez l'notaire ! » Et d'me coincer la nusse, d'm'la rend' étanche comme si ça s'rait le couverc'd'un sous-marin ! S'l'ment l'homme propose et le trou du cul dispose ! Un vent de force 5, c'est pis qu'la toux. Tu peux pas l'réprimander. Quand y veut aller vive sa vie, faut qu'il aille. J'en bichais mal au cœur d'à force de me coincer l'fion. L'impression comme quoi j'allais mourir, en tout cas fulgurer dans mon bénoche.

« Et là, alors, viens pas m'dire qu'la Providence existe pas, je te croiererais pas, Tonio. Juste à l'instant que j'allais larguer les calamars, qu'est-ce j'vois ? Le toutou qui gratte à la porte-fenêt' ! « Permettassiez, j'écrie en bondissant, y m'fend l'cœur, c't'amour. » Et j'l'ouv'. Y n'était qu'temps, ma nuée ardente a déferlé su'l'salon. Tous les trois, on a égosillé que, décidément, fallait qu'y soye malade, Loloche, pour continuer à nous empoisonner pareillement. L'notaire a téléphoné au véto de Vaux-le-Gaillard, et moi je leur ai pris congé rapidos d'un air dégoûté ; que mercille beaucoup pou'la Verveine ; ell'n'était point d'trop, vu les monstres gerbes qui vous prenaient chez eux ! »

Bérurier rit immense.

Il se tord un peu en biais comme s'il entendait placer un échantillon de ses bulles puantes. Mais le souffle lui manque et il sursoit à ce projet.

— J'eusse aimé t'montrer, par curieusité, me déclare-t-il d'un ton marri, mais j'sus en cale sèche.

— Ce sera pour une autre fois, le rassuré-je. Avec toi, on n'attend jamais très longtemps ce genre de performance.

— C'est vrai, il admet. J'sus sûr qu'si je boirais une p'tite bière, j'redeviendrais performant.

Puis, changeant de converse avec ces sautes d'humeur qui lui sont familières :

— T'as pas l'air joyce, mec. Peines d'cœur ?

— Non ; mais je crois bien que j'ai tué un homme.

Il hausse les épaules.

— C'est des choses qu'arrivent. Tout l'monde peuvent pas êt' moine et passer sa vie en prières. Ce gus, tu l'as repassé au soufflant, en bagnole, à la dérouille ?

Je lui raconte l'affaire du petit Toinet et de son sadique.

Le Vigoureux serre ses deux grands poings de bœuf marqués de roux.

— C'est ça qu't'appelles tuer un homme ! Hé dis, t's'rais pas en manque d'couilles, ces temps ? J'eusse été à ta place, le gars, j'en faisais un hamburger !

Je vais à la fenêtre. On voit la Seine, façon carte postale. Elle fait plus vieux que son âge, aujourd'hui.

Quand un glandu vient pas empaqueter ses ponts pour épater le touriste, elle redevient lutécienne, la chérie. Un bateau-mouche, blanc et plein de vitrures, passe avec son chargement de tordus. Je perçois la voix dans le haut-jacteur qui annonce :

« Sur notre gauche, méhames, messieurs, la Préfecture de Police que les *Enquêtes du Commissaire Maigret* ont rendue célèbre dans mon dentier ! »

Elle pourrait ajouter : « Et à cette fenêtre, la silhouette du commissaire Santantonio (ils mettent tous un « t » à mon San) qui s'emploie à fond pour que les maris ne soient pas, le soir venu, harcelés par leurs épouses… »

— Dis voir, Gros, tu viens avec moi ?

— Où-ce ?

— Chez le sadique de Toinet. Il a peut-être de la famille qu'on devrait prévenir.

Le Bonhomme Lalune ricane.

— Toi et ta conscience, vous m'faites une sacrée paire de zozos ! T'as tout pour d'venir un vrai battant, mec, mais les escrupules te minent ; c'est pourtant facile à viv'la vie, non ?

— Cela dépend pour qui, Gros.

— Tu d'vrais t'marida et avoir un bébé, comme nous. Apollon-Jules, c'est fou c'qu'y nous remplit l'existence, moi et Berthe. Même qu'il soye en pension chez toi, la vie est changée d'puis qu'y s'est pointé, c'tordu !

Rue de Rennes.

« La concierge est dans l'escalier », annonce le fatidique panneau. Peut-être, mais pas dans celui de l'immeuble. Toujours est-il qu'on grimpe jusqu'au cinquième puisque, selon le tableau des locataires, c'est à cet étage que créchait René-Louis Blérot.

L'immeuble est ancien, pas mal tenu, avec des plantes en pot entre chaque étage, sur des petits bancs de bois blanc.

Au cinquième, deux portes. Devant l'une d'elles, un paillasson de luxe porte le monogramme « F G » ; ces initiales ne concernant apparemment pas René-Louis Blérot, c'est donc à l'autre que je sonne. Personne ne répond. J'y vais d'un récital complet de ta tagadagada tsoin tsoin, tout aussi inefficace.

Bérurier lève un regard glauque sur ma perplexité.

— Y d'vait exister seul, ton gazier, tu voyes ?

J'opine.

— On se casse ?

J'acquiesce.

Redescends un étage. Et le fichtre-foutre me chope comme une envie de baiser quand tu voyages en chemin de fer.

Me voilà qui remonte l'escadrin six à six. Je suis à nouveau devant la porte sans que Sa Majesté n'ait bronché sa masse prépondérante.

Sésame, ouvre-moi !

Trois serrures ! Des coriaces. L'air de rien, mais qui ne se laissent pas tutoyer facilement. J'escrime dessus avec mon bistinguet farceur. Y en a une, charogne, qui rétive salement. Qu'un instant je crois devoir renoncer, et puis je m'aperçois qu'elle a été posée à l'envers, et que plus je tentais de l'ouvrir, plus je la fermais.

Ouf ! nous voici dans l'apparte.

Bon appartement.

Chaud.

Bonaparte Manchot ! (air connu dans toutes les maternelles de France et limitrophes).

Le classique couloir pourvu de lambris, avec, jusqu'à mi-hauteur, de la tapisserie fanée, à rayures verdâtres. Une double porte vitrée face à l'entrée, la cuisine et les chiottes à droite, les chambres à gauche.

On commence par le séjour. Des pièces commak, j'en ai fréquenté des chiées, voire même davantage. Le mobilier Louis-Philippard, les napperons troués, la cheminée de marbre avec sa pendulette baveuse. Les tableaux plus pompiers que la caserne Champerret. Les rideaux à grosses mailles ornés d'un médaillon représentant des amours joufflus comme le cul de Béru. Le parquet ciré. Le piano droit, noir, funèbre, flanqué de deux porte-bougies de bronze. Probable qu'il est né dans ce logis, René-Louis le sadique. Il a fait ses devoirs sur la table ovale maintenant surchargée de rames de papier, de manuscrits, de stylos et d'une machine à écrire fatiguée. Je vais feuilleter la paperasse. Suis vite renseigné : littérature érotique à haute tension. *Les Papesses du Vice,* roman de Raoul-Léon Bloirat (chacun prend le pseudonyme qu'il trouve). *Plus de carottes pour Sœur Mathilde* (scénario). *Les cinq violeurs de Miss Simson* (scénario). *Dépravation* (poèmes). *Enfonce, Alphonse* (comédie burlesque). *Je jouis !* (souvenirs d'un sadique)…

Passablement écœuré, j'abandonne l'œuvre misérable de « ma » victime pour continuer mes investigations. Nous larguons le séjour afin de visiter les deux chambres.

L'une est en ordre et baigne dans l'obscurité.

« Chambre des parents morts », me dis-je. Le lit haut sur pattes, le crucifix d'ébène, avec sa branchette de buis jauni, la commode, le fauteuil, les descentes de lit. Des photos passées dans des cadres hors d'âge : papa, maman, René-Louis en communiant. Plus un officier d'avant Quatorze, les deux mains sur le pommeau de son épée, l'œil sévère, la moustache tressée, avec une attitude à aller mourir pour la France. Plus petit-bourgeois que cet intérieur, tu meurs. Une odeur douceâtre de vies révolues et de souvenirs vieillissants picote le nez.

— Putain ! Ce bordel ! s'écrie Alexandre-Benoît qui, impatient, en est déjà à la seconde chambre.

Je l'y rejoins. Le désordre du lieu tranche durement avec la netteté de la pièce que je viens de quitter.

Le mot bordel est faible pour le qualifier, tant il est indescriptible. Les draps du lit-cage sont d'une saleté effroyable, avec des taches en relief, des trous et un fond gris-brun jamais vu.

Une gigantesque garde-robe de noyer occupe un bon quart du local. Une table ancienne, des chaises, des appareils de stéréo : baffles, accrochés dans tous les angles. Des photos punaisées aux murs qui toutes représentent des garçons nus aux sexes vigoureux et en flatteuses postures. Scènes de sodomie, champêtres bien souvent. Beaucoup de motos encore (marque de virilité dépassée).

— Y f'sait en plein dans l'porno, ton zèbre, ricane le Ballonné.

Je ne réponds pas car je suis tombé en arrêt devant un gros crochet scellé dans la cloison, crochet auquel sont fixées des chaînes pourvues de cadenas.

— Qu'est-ce tu mates, l'artiss ?

Je lui désigne « l'installation ».

— Ça m'fait songer à un instrument d'supplice, note le Sagace.

— C'en est un.

Un grand rectangle de moquette a été placé sous « l'appareil ». Et la moquette sombre se trouve crépie de taches plus sombres encore.

— Tu croives qu'y s'payait des séances de flagellance ?

— Sans doute !

Sa Majesté me désigne la fenêtre aveuglée d'épais rideaux noirs molletonnés.

— J'ai idée qu'il a dû s'en passer des sévères dans cette turne. Et pis, tu m'renif c't'odeur ?

Il est exact que ça fouette dans la chambre. Pas seulement le confiné et la crasse, les remugles qui nous agressent de plus en plus fortement ont des sources inquiétantes.

— T'as encore noté quéqu'chose, grand ? questionne le Ventru. Les murs ! Vise : y sont garnis de panneaux à trous, kif que dans les cabines téléphoniques. Comme on a peint par-dessus et collé des flopées de photos, on n's'en rend compte que quand t'est-ce on possède une intelligence au-dessus d'la moilienne.

Il noue ses deux mains de pianiste sur hauts-fourneaux devant sa braguette surpeuplée, en une attitude de recueillement, telle celle qu'on adopte d'instinct en des solennités.

— J'imagine le topo, murmure-t-il. Les rideaux tirés, la zizique à plein galure ; et le gars qui manie le fouet pour prend'son fade. Les victimes pouvaient gueuler leur soûl, avec l'insonotorisation et la stéréotypie, les voisins n'entendaient que pouic !

Il ajoute en tapotant la garde-robe :

— M'est avis qu'on va trouver une drôle d'panoplille, là-d'dans. Y a pas la clé, ouv'av'c ta p'tite connerie !

Ce que je m'empresse de faire.

Surprise : la garde-robe privée de tous rayons contient une armoire métallique laquée blanc.

Nouvelle intervention de mon sésame pour déponner la seconde porte.

Bricolage.

L'ouverture de la porte déclenche un éclairage intérieur, car l'armoire en question est un réfrigérateur.

Et alors, que veux-tu que je te dise : l'horreur ! A toute volée !

La répulsion totale, absolue !

In-di-cible !

Quoi encore ?

Non, ça suffit. Ma boîte de superlatifs est vide.

Tu sais quoi ?

J'ose à peine l'écrire.

Et pourtant ! Ne suis-je pas là pour *tout* te dire ?

Dans le frigo, se trouve un corps. Celui d'un petit garçon atrocement mutilé. Il n'a plus de fesses : on voit les os. Plus de cuisses non plus, ni de mollets. Sa pauvre petite figure est grise comme le plâtre d'une bicoque. Ses paupières mal fermées laissent encore échapper un regard horrifié. Sa bouche est tordue par les ultimes cris qu'il a dû pousser. Son torse est creusé de sillons violacés. On a coupé son sexe. On… Non, je ne peux plus, je m'arrête. A quoi bon nomenclater ? Se livrer à cet effroyable inventaire ?

Nous restons saisis, le Gros et moi. Bras ballants. La lumière du réfrigérateur éclaire le visage anéanti de mon pote, le pétomane de choc.

On ressemble à deux chefs d'Etat devant la dalle sacrée de l'Inconnu du Nord Express. Tu te rappelles la Mite et le chancelier Colle forte à Verdun ? Oui ? On aurait dit un papa conduisant son petit garçon à l'école. Les symboles, c'est beau à condition d'être équilibrés. Réalisés par Double-Pattes et Patachon, ils deviennent cocasses. Je m'étais fendu la gueule malgré la vibrante *Marseillaise*. Il est étrange, Ernest. D'une intelligence au-dessus de la moyenne, mais avec des failles. Son coup du Panthéon, d'entrée de mandat : le pied dans l'Histoire, l'autre sur une peau de banane ! C'était pas triste non plus. « J'inaugurais » bien de l'avenir, comme dit l'Epais. Je sentais qu'on allait connaître des récrés somptueuses. Du Chaplin à titre-larigot. En fait, y a eu des instants de qualité : des conférences de chefs d'Etat où il mettait ses costards caca-d'oie, des visites protocolaires où il coiffait son sombrero, des passages de troupes en revue où il trottinait avec son veston droit boutonné en forme de 8. Président de la Raie publique, quand tu mesures un mètre cinquante-cinq, faut faire avec ! Bon, tu gagnes sur le masque romain. L'autosatisfaction, la constipation, tout ça ça t'aide. Tu pallies. Le râtelier qui fait les pointes, ça grandit tout de même un peu. Mais, là comme ailleurs, là comme toujours, le danger vient des autres : des balaises. Le Président Ricane, le chancelier Colle forte, la mère Taste-chair, faut supporter le face-à-face. Ou alors amener son petit banc. Moi, à sa place, je fréquenterais que des Japonais, manière d'en installer et de pouvoir rouler les mécaniques.

Attends, je navigue sur la mer des délires. Faut que je rentre au port de la réalité, comme l'écrit Canuet dans ses souvenirs. T'as vu comme il parchemine, Jeannot, à propos ? S'il aurait su, il serait resté jeune.

J'en étais où est-ce ?

Oh ! oui : nous deux, Béru et moi, devant le frigo contenant les restes atroces d'un petit garçon à demi dépecé.

Je pense à Toinet qui, s'il ne m'avait montré le scénario porno, aurait probablement fini dans cette garde-robe-sépulcre. Des chandelles me dégoulinent au-dessus des étiquettes.

— Tu regrettes toujours que ton pote le sadique soye clamsé ? grommelle l'Arrondi.

— Oui, réponds-je, car j'aurais aimé lui arracher la gueule avec mes ongles !

FAIS PAS DANS LA NUANCE !

— Entrez, j'vous prille, chère maâme, et faites-vous pas d'souci : ça va bien s'passer.

Le Potelé prend une gigantesque gomme et s'efface pour laisser passer la concierge de feu René-Louis Blérot.

Elle fait pas cerbère le moindre, cette personne. Je comprends pourquoi Alexandre-Benoît prend sa voix galantine avec elle et décrit des rotations du buste qui fileraient la colique à un matador.

— Assoyez-vous, chère maâme. J'vous présente le commissaire Santantonio.

J'accueille le témoin d'un sourire engageant. C'est une dame d'une quarantaine damnée, bien en formes et peinte au Ripolin express. Elle a mis une veste de tailleur bleu sur une robe imprimée rouge, soucieuse, sans doute, d'en atténuer la vigueur agressive.

Elle dépose sur le fauteuil râpé un cul qui ne l'est pas encore et dont Béru, visiblement, ferait ses beaux dimanches, voire même ses beaux samedis après-midi. Quand il s'en ressent pour une personne du sexe, ses pensées polissonnes défilent sur sa frite comme la liste des programmes sur ton écran de télé. Ainsi, je lis clairement que, s'il arrivait à ses chères fins, il commencerait par basculer cette dame sur le plume. Dès lors, il retrousserait sa robe juste pour pouvoir gagner son intimité la tête la première et lui ôterait sa culotte avec les dents, quitte à l'épiler un peu dans sa fougue. Ce serait le préambule de son entreprise. Ayant du pain sur la planche à repasser, je néglige la suite de ses perspectives.

L'arrivante prétend s'appeler Yvette Bonatout, 42 ans. Mariée à un gardien de la paix. Mère d'une petite fille. Concierge rue de Rennes.

— Parlez-moi de votre locataire René-Louis Blérot, madame.

Elle paraît surprise. Ne s'attendait pas à une telle question. Parce qu'il convient de t'informer, Dédé, qu'on n'a pas ébruité l'affaire. Elle sortira plus tard, après que j'aurai déblayé le terrain. Tu m'objecteras sans doute que le sadique étant mort, l'action de la Justice est éteinte, mais je pense que le passé de ce misérable doit être jalonné d'horribles forfaits et je voudrais fouinasser dedans avant que ne se déclenche le grand patacaisse qui consécutera à la terrible nouvelle.

Elle murmure, la chère dame :

— M. Blérot ?

— Oui.

— Je peux vous demander pourquoi vous voulez que je vous cause de lui ?

— Non.

Elle reste interdite. Se tourne vers Bérurier, si tant

tellement plein de mansuétude à son endroit (et à son envers également pour peu qu'elle le souhaite).

Le Gros prend une chaise qu'il va planter près du fauteuil du témoin. S'assied tout contre l'appétissante pipelette, pose sa large main sur son genou gracieux et déclare :

— Faut pas qu'vous êtes intimidée, ma petite dame. Du moment qu'vot'bonhomme est d'la police, vous êtes légalement un peu des nôt'aussi. Répondez gentillement aux questions à m'sieur l'commissaire. Je reste près de vous pour vous soutenir.

Comme preuve, il coule sa main entre ses jambes, lui démontrer à quel point il soutient bien une dame dans l'épreuve.

— Alors, fais-je, d'un ton engageant, ce René-Louis Blérot ?

Elle s'enhardit.

— C'est un homme très gentil, très doux.

— Que fait-il ?

— Il écrit.

— Vous savez quoi ?

— Il fait des films, des livres. Il m'en a dédicacé un, l'an dernier ; j'ai pas tout compris, mais ça m'a paru beau.

— Il vit seul ?

Elle hésite.

— Presque.

— Qu'entendez-vous par là ?

Elle reste indécise. Pour l'inciter, Béru plonge sa main libre dans son décolleté.

— Disez, disez bien tout, pâme le Pesant en promenant son pif sur sa nuque dodue.

La concierge hausse les épaules, non pour chasser le baiser qui se prépare sur ses arrières, mais pour marquer la délicatesse de la réponse qu'elle va devoir fournir.

— A vrai dire, il recevait de temps en temps quelqu'un qui passait la nuit à l'appartement.

Je lâche étourdiment :

— Un petit garçon ?

— Oui, avec sa maman, répond la balayeuse d'escaliers, très naturellement.

— Avec sa maman ! nous écrions-nous d'une même voix, le Gonflé et moi.

— Ben oui. Pourquoi ?

— Attendez, chaque fois un petit garçon venait et sa mère l'accompagnait ?

— Si vous voulez, moi je dirais plutôt que la dame arrivait avec son gosse.

— La dame !

On va de surprise en stupeur comme d'autres de Charybde en Scylla ou de la Porte Maillot à celle de Pantin.

— Voulez-vous dire que c'était chaque fois la même femme ?

— Bien sûr ! répond-elle, de plus en plus étonnée de notre étonnement.

Ce qui est étonnant, non ?

— Et chaque fois le même petit garçon ? insisté-je.

Là, elle va pour affirmater, puis s'arrête, comme déconcertée.

— Eh bien… A vrai dire… Heu, je… je n'en suis pas certaine. Je croyais, mais franchement je ne pourrais le jurer, d'autant que la dernière fois, le gosse m'avait paru plus grand que la fois précédente. Je m'étais dit qu'il avait beaucoup grandi. Faut admettre, aussi, que je ne faisais que les apercevoir.

— Racontez-moi la « mère ». Elle est comment cette visiteuse épisodique ?

— Une jeune femme très chic. Trente-cinq ans environ. Brune, assez grande. Elle a des manteaux de fourrure l'hiver et des différents : vison, panthère, lynx. Bref, c'est probablement quelqu'un de riche.

On la sent impressionnée par ces peaux d'animaux morts.

— Vous m'avez dit que la dame et l'enfant venaient « de temps en temps », essayez de mieux préciser.

Nouvelle méditation d'Yvette Bonatout. Béru a retiré sa main du décolleté pour mieux se consacrer à l'entrejambe car il est malaisé de pratiquer les deux explorations simultanément ; or, mieux vaut s'acquitter parfaitement d'une entreprise que d'en bâcler deux par manque de liberté de mouvements.

— S'il fallait donner une fréquence, je dirais tous les mois, un peu moins peut-être. D'autant que je ne la voyais pas fatalement arriver à chacune de ses visites ; pourtant, même si je la ratais, j'avais un repère.

— Quel était-il ?

— Lorsqu'elle venait, M. Blérot mettait de la musique une bonne partie de la nuit. Même qu'une fois, sa voisine s'est plainte et y a fallu que je monte lui dire de baisser le son.

— Quand il était seul, il ne faisait pas ronfler son électrophone ?

— Non, jamais. Je pense que c'était la dame qui était mélomane, lui ne pensait qu'à ses écritures.

— Maintenant, écoutez bien ma question, madame Bonatout, et étudiez-la à fond avant de me répondre…

Je me recueille. Puis, détachant chaque syllabe à l'essence de térébenthine, y vais de mon voyage :

— Vous voyiez repartir la dame, le lendemain ?

— Rarement, car je fais des ménages dans le quartier, tous les matins. Mais ça m'est arrivé, notamment un samedi.

— Etait-elle en compagnie du petit garçon ?

— Oui…

— Réfléchissez : *vous avez vu l'enfant ?*

Elle respire profond. Les braves gens, un poulaga les interroge, ne serait-ce que comme simples témoins, et ils font vite un complexe de culpabilité. Pour eux, être questionnés équivaut à être soupçonnés.

Heureusement que son ange gardien veille, un ange nommé Bérurier. Il vient d'atteindre la culotte et murmure en caressant le renflement pileux sous le léger tissu :

— Troublez-vous pas, mon petit cœur. Si on vous demande, c'est juste pour savoir ; vous craignez rien à répond' espontanément.

Yvette, éperdue, sent lui revenir le réconfort par cette main exploratrice. D'autant que Sa Majesté très illustre vient de saisir la sienne et de la placer sur son futiau transformé en cirque Barnum depuis un instant.

Elle ne se rend pas encore compte de la nature des choses, la pauvrette. Ce sera pour un peu plus tard.

— Je vous prends la dernière fois… fait-elle.

— Qui remonte à combien ?

— La semaine passée.

— Eh bien ?

— Bon, c'était samedi, je restais chez moi. Je sors pour monter le courrier et je me casse le nez sur la dame. En me voyant, elle se met à courir vers la rue en criant : « Henri ! attends-moi, je ne veux pas que tu galopes sur les trottoirs ! »

— Ce qui vous a donné à croire que le gamin l'accompagnait.

— Evidemment.

— Mais *vous ne l'avez pas vu ?*

— Non.

— Et si vous y réfléchissez, chère Yvette Bonatout, *vous n'avez jamais vu la dame repartir avec l'enfant ?*

— En effet, je ne l'ai jamais vue repartir avec le gosse.

Je prends ma tête à deux mains, ferme les yeux pour mieux évoquer le pauvre petit cadavre mutilé dans le frigo de la garde-robe.

— Il y a longtemps que ça durait ? finis-je par murmurer.

— Quoi donc, monsieur le commissaire ?

— Les visites de cette dame escortée d'un enfant ?

— Plus d'une année. Peut-être même deux !

Seigneur ! Deux ans ! Un vertige me saisit.

— Il vous est, bien entendu, arrivé de regarder l'un des gamins ? Je veux dire de lui accorder une certaine attention ?

Là, elle fait un peu relâche, l'Yvette.

— La dame passait si rapidement. Et elle était…

Elle n'ose terminer sa phrase qui devait être dans le style « … et elle était si bien fringuée ». Les gonzesses, concierges ou archiduchesses aux chemises archi-sèches, tu les connais ? Pour elles, les guenilles priment tout. Une toilette qui surgit, elles n'ont d'yeux que pour elle. Les fourrures, les bijoux, ça c'est du vrai spectacle !

— Vous ne sauriez reconnaître l'un des mouflets sur photos ?

— Non, je ne pense pas. Surtout que, chaque fois, ils étaient emmitouflés ; même l'été… Ça me surprenait d'ailleurs.

Elle a un geste qui expulse pour un instant le médius du Gravos, engagé dans la voie du succès.

— J'ai une idée.

— Disez-la-nous ! exhorte l'Enflure.

— Martine, ma fille !

— Alors ?

— Un jour, il y a plusieurs mois, elle jouait dans l'escalier lorsque la dame et son petit bonhomme sont arrivés. Elle m'a parlé du gamin : ils s'étaient souri. Elle avait remarqué qu'il louchait.

Je bondis.

— Bravo, Yvette ! Ça mérite un café ou toute autre boisson de votre choix car nous allons en avoir pour un bon moment encore.

Elle rosit, s'enfamiliarise.

— Si ça ne vous dérange pas, je préférerais une mominette.

— Béru ! ordonné-je, dis à Poilala d'aller nous chercher des consommations au bistrot du coin.

Le Patapouf m'adresse un clin d'œil coquin.

— Tu croives que c'est moi que j'y vais ? balance-t-il, polisson jusqu'à l'os.

— Non, je m'en charge, déclaré-je charitablement.

Je sors en pensant à Martine, la fillette de la

concierge qui, un jour, a souri à un pauvre petit garçon qu'on menait au sacrifice. Le dernier sourire dans la vie du petit garçon ! Va falloir que je dépote tout ça. Je la retrouverai, la complice de Blérot, et je lui ferai payer ses horreurs, qu'elle soit dingue ou réputée saine d'esprit !

Un bruit de locomotive à vapeur très ancienne dans le monumental escalier de pierre. Pinaud émerge des profondeurs, voûté, les pans de son vieil imper écartés, le bitos limoneux rabattu bas sur le mégot.

L'odeur désastreuse de sa moustache en train de cramer se répand dans la Grande Taule.

Il m'avise à sa dernière marche et, contrairement aux habitudes, ne me sourit point.

— Je viens de *la* conduire à l'hôpital, m'annonce-t-il, tragique ; *elle* me fait des adhérences, on opère demain.

Il s'agit de sa rombière, naturellement.

Elle doit bicher, la vieille ! L'hosto, avec ses blocs opératoires, ses salles de réanimation, ses infirmières zélées, constitue son *foot*, à Mme Pinuche.

— Tu vois, César, lui dis-je, ta bonne femme, je comprends pas qu'on ne lui ait pas encore posé une fermeture Eclair, comme aux housses en plastique ; du gosier au thorax, ce serait plus fastoche pour aller batifoler dans ses intérieurs, puisqu'on te l'ouvre quatre ou cinq fois par an !

— Plaisanter d'un tel sujet ! Tu n'es pas très charitable, proteste la Délabré. Ma femme est malportante, tu devrais plutôt la plaindre.

— Elle est malportante du bulbe, Papy, et c'est toi

que je plains. J'allais commander de quoi boire, qu'est-ce qui t'intéresserait ?

— Muscadet ! imperturbe l'Ancêtre, instantanément calme.

— Je vais annoncer les couleurs au brigadier Poilala, notre plancton. Une mominette, un muscadet, un grand rouge et une vodka glacée. Poème de Prévert !

Un cri, une protestation plus exactement, s'échappe de mon bureau :

— Oh, non, monsieur l'officier de police ! Elle est bien trop grosse ! Arrêtez !

A quoi la voix pondérée de l'interpellé rétorque :

— Fais-toi pas d'mouron, Vévette, j'l'aye eu casée dans des moniches moins confortab'qu'la tienne, ma poule ! Sûr qu'si on aurait un'noix d'beurre, ça faciliterait l'transit, comme disent les toubibs, mais attends, l'Antonio qu'est coquet comme une pute a un pot d'cirage blanc dans son tireroir, pour briquer ses pompes. Tiens, l'v'là ! Hop ! Hop ! un badigeon espress su' Coquette et la v'là qui part folâtrer.

— Oh ! non, monsieur l'officier de police ! Si quelqu'un vient !

Le Gros monte le ton et tonne (à mon intention, œuf corse) :

— Là, pas d'danger ! San-A., il la tout d'sute pigé qu'j'avais du vague à l'âme pour toi, ma gosse. Non s'l'ment y n'reviendra pas avant qu'on eusse pris not'p'tit fade en catastrophe, mais si ça s'trouve, y monte la garde devant la lourde ! Un aminche, c't'un aminche.

Ce qui succède alors n'est plus que plaintes et craquements.

Je te fais grâce (comme disait Rainier à sa pauvre dame) du reste de l'interrogatoire, long et circonstancié, détaillé à outrance, que je fais subir à Yvette Bonatout après que mon compère, lui a fait subir, lui, les derniers outrages (les meilleurs, soit dit entre nous et la place de la Nation).

J'apprends beaucoup de Blérot, mais vais t'y résumer, pas te faire chier ni t'égarer en verbeuseries superflues. Le vrai romancier ne doit en aucun cas casser les couilles à son lecteur, sinon il tombe dans la catégorie « écrivain » et alors là, bonjour les dégâts !

De notre long entretien, il appert (du verbe apparoir) que René-Louis était un fils de bonne famille. Son père, ancien avocat, finit ses jours dans une maison de retraite ; quant à sa maman, elle mourut lorsqu'il était petit garçon. Blérot semblait vivre d'une rente familiale modeste (deux mille francs par mois au dire de la pipelette qui recevait les avis de mandat) et de ses écrits. Cette seconde source de revenus paraissait plus aléatoire ; mais enfin, vaille que vaille, il parvenait à faire bouillir sa marmite de célibataire et il était rare qu'il se fasse tirer l'oreille pour régler son terme. La « dame au petit garçon » exceptée, il ne recevait personne. Il devait s'alimenter frugalement, principalement de jambon blanc et de laitages ; le yaourt à la pomme constituant sa nourriture d'élection à en juger aux emballages vides qu'il déposait dans la poubelle. Il se chargeait lui-même de faire son ménage. Il donnait l'impression d'être un individu aux mœurs mal définies, courtois, furtif, « habité » par la passion de l'écriture. Il ne possédait pas de voiture et se déplaçait en autobus et en métro.

Tel est le résumé des déclarations d'Yvette Bonatout.

Je la remercie et la prie d'aller attendre un instant dans le couloir où des bancs de bois, cirés par l'usure et l'usage, sont à la disposition des témoins.

Lorsqu'elle est sortie, nous tenons un conseil de guerre, Béru, Pinuche et ma pomme (en anglais *my apple*).

— Gentille môme, assure le Gros. Quoiqu'elle baise connement. Son gardien de la paix doit la sabrer à la va-vite, comme il dresse ses pévés : un coup pour balancer son képi, un aut'coup pour aller l'ramasser. C't'enfant a été ratée, j'ai tout à faire. J'y ai pratiqué mon wattman chauve des grands jours, avec calçade en levrette et embrocage cosaque su'l'coin d'ton burlingue, mais elle déguillait mal du fignedé. L'avait les meules pleines d'arrière-pensées.

— Merci pour le rapport sur vos rapports, fais-je, mais sans vouloir te peiner, j'ai d'autres *cats* à fouetter.

Il rembrunit.

— Envole-toi pas, mec. Y t'arrive d'avoir aussi des parenthèses en cours d'enquête, non ?

« D'même qu'on a b'soin de boire un coup quand on marne, on a légalement b'soin d'en tirer un pou's'dégager la glandaille qu'encombre. »

Je lui accorde satisfaction d'un hochement de tête. Qu'ensuite je dresse un plan de bataille :

— Maintenant, mes amis, il nous faut coûte que coûte démasquer la fille qui venait chez Blérot participer à ses monstrueuses messes noires. Pour cela nous devons taire la mort de ce salaud afin que sa complice continue de le croire vivant. Quelqu'un va planquer chez Blérot jour et nuit après que nous aurons foutu son téléphone en dérangement.

— Pourquoi en dérangement ?

— La femme l'appelle probablement pour prendre rendez-vous. Ne l'obtenant pas, elle demandera aux réclamations ce qui se passe. On lui répondra qu'il est en dérangement et alors elle viendra probablement le voir. Du moins, peut-on tabler sur cette hypothèse.

— Elle paraît fondée, déclare gravement Pinuche en rallumant une mèche de ses cheveux même temps que son mégot, car la flamme de son briquet mesure cinquante centimètres de haut.

J'ouvre mon tiroir pour y prendre un paquet de photos représentant des petits garçons.

— Je me suis fait remettre les portraits des mômes ayant disparu dans la région parisienne depuis le début de l'année. Je vais les montrer à la fille d'Yvette pour voir si elle en reconnaîtrait dans le lot.

Là-dessus, je sonne le labo et mande Guillermin, le spécialiste des portraits robots.

— Une urgence pour toi, Francis.

— J'arrive.

Je vais l'attendre dans le couloir, où Yvette se tortille sur son siège, après la monstre troussée éclair du Gros. Elle souhaiterait procéder à des blablutions décongestionnantes. Mais à la Grande Chaumière, nous ne sommes guère outillés pour ce genre de remise à neuf.

Guillermin se pointe, en bras de chemise sale, avec des sandales de cuir qui puent la ménagerie, la barbe de quatre jours et une visière de mica longue de trente centimètres pour protéger sa devanture. Ses poches poitrine sont bourrées de crayons de couleur qui ont dessiné un arc-en-ciel sur la limouille.

— La charmante petite dame que voilà va te décrire une femme, Francis, je veux que tu te surpasses !

— Chaque fois que je travaille, je me surpasse, riposte-t-il, modestement.

Il fait signe à Yvette de le suivre.

— Venez avec moi dans mon antre, ma chérie, et n'ayez pas peur, les filles que je viole enlèvent elles-mêmes leur culotte.

Le couple disparaît. Yvette Bonatout commence à trouver que la Grande Volière est décidément un endroit pas si triste qu'on le dit.

Justement, la fillette de la concierge vient de rentrer de l'école et commence à étudier la préhistoire, sa leçon du jour.

Elle en est au chapitre où Béru invente le feu en frottant sa grosse bitoune contre un morceau de glace. Enfin, quand je dis Béru : pas lui, naturliche, mais l'un de ses ancêtres un peu plus velu que lui.

Martine est une gamine délurée, et tant mieux pour Yvette qu'elle ait eu une fille plutôt qu'un garçon, car avec son locataire du cinquième, ça pouvait dégénérer dans les atrocités abjectes.

Je raconte à la môme la dame et « son » petit garçon qui vient rendre visite de temps à autre à Blérot. Oui, oui, elle sait de qui je cause. Selon sa maman, paraîtrait qu'elle aurait échangé des sourires avec le gosse. En effet, elle se souvient parfaitement.

— Voilà des photos de garçons, regarde-les attentivement et dis-moi si tu le reconnais parmi ces différents portraits.

Le jeu l'intéresse. Car tout devient jeu pour un enfant. Elle tire les photos du paquet, une à une, examine chacune d'elles posément, puis la pose sur la toile cirée.

Au bout d'une douzaine de clichés, dès le premier regard, elle annonce : « C'est çui-là ! » en brandissant la photo d'un garnement rieur affligé d'un léger strabisme convergent.

— Tu en es sûre ?

— Oui.

Formelle ! On peut lui faire confiance. Elle a déjà une gravité d'adulte.

Je mets l'image de côté.

— Regarde les autres.

Elle termine sa petite revue des frimousses sans plus réagir.

— C'est tout ?

— Oui, monsieur. Je peux vous demander pourquoi ?…

— Une douloureuse histoire de divorce, mon enfant ; je compte sur ta discrétion. Tu me promets ?

— Oui, monsieur.

Je la quitte pour grimper chez Blérot en compagnie de Mathias et de Pinaud. Je vais les laisser en planque tous les deux, ce qui leur donnera une plus grande possibilité de manœuvre et permettra au Rouillé de procéder à des investigations de laboratoire. Pour démarrer, Mathias dévisse le bloc téléphonique et en retire le ronfleur. Ainsi, ces messieurs auront l'opportunité d'utiliser l'appareil mais ne pourront recevoir de communication.

Je lui demande ensuite de tirer le portrait du malheureux enfant qui gît dans le frigo. Quelques prises au Polaroïd et j'emporte une documentation suffisante pour identifier le petit cadavre.

Il y a en moi une espèce de colère froide qui me fait trembler de l'intérieur. J'ai l'impression que mes organes se sont désarrimés comme la cargaison d'un rafiot dans la tempête, et brinquebalent dans ma carcasse. Je revois Blérot sur le banc, près d'Antoine, avec sa revue obscène. Et puis, lui encore, à mon côté dans la voiture. Tout compte fait, il a eu raison de se *shooter,* sinon je l'aurais vraiment massacré après la découverte de l'enfant à demi dépecé.

Je me recueille devant les chaînes scellées au mur. Combien d'innocents ont eu à subir la folie sadique de ce couple infernal ? J'imagine la scène dantesque : Blérot et la fille s'acharnant sur le malheureux bambin tandis que la stéréo hurlait dans la chambre. Cet homme et cette femme sont les descendants du triste Gilles de Rais (ou de Rays, ou de Retz) de funeste mémoire.

Dure épreuve ! Maintenant, il faut découvrir la femme, d'urgence, pour stopper ses crimes.

Allez, Sana, mon pote, du cran !

Le petit garçon loucheur s'appelait Jérôme Couchetapiana et ses parents tiennent une pizzeria dans le treizième. Avant que d'aller voir, je suis passé jeter un regard au dossier. Le môme a disparu dix-huit jours plus tôt. Un mercredi. Il allait jouer dans un square avec ses potes du quartier, et puis il n'est pas rentré a maison. La famille étant nombreuse (il a huit frères et sœurs) et le service du soir mobilisant les adultes, son absence n'a été signalée que très tard au commissariat. Ses camarades de jeu, interrogés, déclarèrent l'avoir vu en conversation avec une jeune femme brune au cours des mercredis précédents. Une femme qui promenait un bouledogue noir ressemblant à un gros crapaud. Le chien avait attiré l'attention de Jérôme qui adorait les animaux et que la laideur de ce clébard fascinait. En apprenant ce détail, j'ai une poussée d'allégresse parce qu'il va faciliter les recherches. Qu'aussitôt je mets des hommes au charbon afin qu'ils visitent tous les clubs de bouledogues de la région parisienne et prennent note de leurs adhérents, car il est fréquent que les propriétaires de chiens aussi particuliers appartiennent à des clubs.

Tu le vois, c'est le déploiement policier classique, d'envergure. En général j'agis plutôt en solitaire, de façon ponctuelle, en me fiant à mon pif ; mais là, le temps presse. Et je préfère recourir aux solides méthodes éprouvées.

Lorsque je me pointe chez les Couchetapiana, le service du soir commence. Clientèle d'étudiants. Y a du brouhaha dans la taule. Affaire familiale, ça saute aux yeux. Papa est au four à tartes et maman au moulin à fric. La sœur aînée (qui ressemble trait pour trait à son père), et le fils cadet (portrait de sa mère), assurent le service. Et je suis prêt à te parier ton slip merdeux contre un portrait en couleurs naturelles de Le Pen (à jouir) qu'à la plonge on trouverait deux ou trois cousins de Napoli ne parlant pas une broque de français.

J'aime bien les mafias familiales. Elles sont réconfortantes et les gens sont cons qui ne pigent pas que le clan est l'une des dernières forces restant à la disposition des hommes en ces temps de chiasse à marée haute.

Je m'installe avec sa Divine Majesté et on se commande deux pizzas Napoli ainsi qu'une bouteille de chianti. Tout de suite, t'as une impression de vacances.

Padre Couchetapiana, illuminé par les lueurs voraces de son four, sue dans son tee-shirt blanc. Il a un torchon noué au cou et un curieux calot américain, amidonné, sur sa tronche frisée. Il pizze à tout-va, coulant parfois un regard vigilant sur la clientèle.

Sa dadame a installé une poitrine de quarante kilogrammes sur le tiroir de sa caisse-enregistreuse. Temps à autre, elle se soulève un nichon pour déposer ou prendre de la fraîche. Elle a de la moustache, des frisotteries, une robe noire avec une jaquette vert pomme et elle a appliqué son rouge à lèvres avec une truelle. Un air de profonde tristesse marque son visage.

La fille aînée porte une jupe noire et une veste spencer blanche. C'est elle qui nous sert. Affairée, la môme. Boulot, boulot ! Pas élevée à la feignardise, espère ! Il les fout au charbon, ses chiares, le Couchetapiana, sitôt qu'ils sont en âge. Des abeilles, ces Ritals. Quand j'étais môme, ma grand-mère les déclarait paresseux ! Coince-bulle tout-terrain ! Tu parles. Les Chinois et les Arménoches mis à part, cite-moi des gonziers capables de gratter davantage ! Vas-y, j'attends !

Béru clape sa Napoli en moins de jouge et déclare que cet amuse-gueule l'a mis en verve stomacale ; alors il commande une Roma, histoire de remonter la botte gastronomiquement. C'est un beau parcours. Je suis sûr qu'il se farcira la Firenze, en troisième position, pour terminer par la Milanese.

Quand la serveuse lui dépose sa deuxième pizza, je lui montre discrètement ma brème poulardine. Elle sourcille.

— Il y a du nouveau ?

— Plus ou moins. J'aimerais vous parler, mais ce n'est pas la peine de mêler votre maman à cette discussion qui lui remuerait le couteau dans la plaie.

— Après le service ?

— D'accord. J'ai une Maserati blanche stationnée dans l'impasse, au bout de la rue, vous pourrez m'y rejoindre ?

Elle marque un mouvement d'inquiétude.

— Si cela ne vous convient pas, trouvons-nous au commissariat du quartier.

Son regard sombre me jauge. Faut croire que je lui inspire confiance car elle murmure :

— Non, d'accord, je viendrai.

Mon bigophone grésille pendant que je poireaute au volant de mon bolide. Béru, bourré de pizza, avec les dents du fond qui baignent dans le chianti, roupille à l'arrière de ma tire. Je décroche. C'est Mathias.

— Commissaire ?

— Soi-même.

— Simplement pour vous dire que quelqu'un essaie

d'appeler Blérot depuis une heure. Toutes les dix minutes il fait une tentative.

— Comment le sais-tu puisque tu as ôté le ronfleur ?

— Il se produit tout de même un léger clic d'enclenchement, très perceptible.

— Bonne nouvelle, peut-être le poisson s'apprête-t-il à mordre ; ouvrez l'œil !

— Autre chose, commissaire.

Là, sa voix s'altère.

— Vas-y.

— J'ai procédé aux analyses du sang qui souille la moquette et les chaînes. J'ai dénombré déjà huit groupes ou classifications différentes.

Misère ! Huit mômes trucidés par ces monstres ! Comment diantre ont-ils pu agir si souvent et en toute impunité ?

— Ce n'est pas tout, commissaire : j'ai trouvé le sac qui servait à évacuer les restes des pauvres gosses. Un grand fourre-tout de cuir avec des bretelles ; il se trouvait au-dessus de la garde-robe. Il contient des plastiques maculés de sang, avec des particules de chair et des touffes de cheveux. Commissaire, je n'ai jamais été confronté à une telle abomination. Quand on a des enfants on…

— Même quand on n'en a pas, Mathias ! C'est pourquoi, si la gonzesse se pointe, ne me la ratez pas, surtout.

— Impossible, j'ai pris mes dispositions.

— On peut savoir ?

— Au-dessous du judas de la porte, j'ai percé un trou par lequel je lâcherai un jet de soporifique à effet instantané. Mon attirail est prêt. Une détente à actionner et trois kilos de pression agissent. Je pourrais endormir dix personnes sur le palier simultanément.

— Parfait, je vois que tu ne perds pas de temps.

C'est juste avant ma réplique que la silhouette de l'aînée des Couchetapiana s'inscrit à travers ma vitre. Je raccroche et ouvre la porte côté passager.

— Montez, mademoiselle.

Elle s'est faite belle : jean et sweat-shirt plus du parfum patchouliesque et une nouvelle tartine de fard. Ma bagnole se met à fouetter le rayon parfumerie d'une grande surface.

Cela dit, elle n'est pas mal, la môme. Beauté du diable, tu sais ? Un regard vif, un petit air hardi et pudique comme les jeunes filles seules sont capables d'en avoir un. Une provocation qui s'ignore. Faudrait jouer les Pygmalion avec cette petite frangine. La prendre en main. La sabouler autrement, lui enseigner des trucs élémentaires. Rien de plus exaltant que de façonner une femme. Lui ôter ses coiffures connes, ses fringues de mauvais goût, ses scories de langage. Et puis la recommencer doucement, en lui expliquant le comment et le pourquoi des choses. Elles pigent si bien, ces greluses ! Elles sont tant tellement douées, toutes, quand elles en tiennent pour leur éducateur. N'importe qui, elles l'enverraient chier directo. Mais le matou qui les tire, alors là c'est l'archisoumission. Leur côté pute, tu comprends ?

Elle est craintive. Curieuse. Troublée.

Les ronflements du Gravos troublent la félicité qui pourrait s'établir.

— Je suis le commissaire San-Antonio. J'enquête à

propos de la disparition de plusieurs petits garçons, dont votre frère.

Elle opine. Son parfum chiassique me dérange un peu. J'aurais à la sabrer, faudrait que j'aère l'habitacle auparavant, sinon je coincerais des muqueuses.

Pour peu qu'elle se soit foutu de cette drogue-là dans la région chattounesque, je bicherais un rhume des foins carabiné à lui croquer le trésor, Ninette.

Pourquoi me vient-il toujours des pensées biscornues en présence d'une femelle ? J'ai lu quelque part, et même quelques parts, que ceux qui causent toujours de la fesse sont ceux qui ne la pratiquent pas, ou mal. Dieu sait que je suis l'exception qui fait mentir la règle ! Y a de la voracité sexuelle en moi. Un appétit constant. Un désir endémique qui renaît sitôt assouvi. Dans le fond, c'est assez chouette, non ? Positif, il me semble.

La gosse me regarde. Elle a plein de cheveux qui frisottent sur sa nuque. Et puis des grains de beauté sous l'oreille gauche. Elle devrait épiler un peu ses sourcils trop fournis. Ses jambes aussi, je pense, bien que je ne les aie pas regardées. Je lui devine une pilosité échevelée. Elle luxurie de la touffe, cette môme.

— Vous avez quel âge ?

— Dix-huit ans.

— Et Jérôme ?

— Onze.

Son regard s'embue.

— Vous croyez qu'il y a de l'espoir ?

J'hésite, détourne les yeux.

— Franchement, je ne pense pas. Comment vous appelez-vous ?

— Armande.

— C'est joli.

Des larmes ruissellent sur sa frimousse. Je peux pas m'empêcher de mettre mon index en crochet et de recueillir celles qui coulent de mon côté.

— Ne me jugez pas cruel, Armande. Mais je préfère ne pas vous bercer d'illusions. Vous vous occupiez beaucoup de lui ?

— Oui, je l'aidais à faire ses devoirs.

— Vous avez quitté l'école ?

— Après mon brevet, oui. J'aurais aimé continuer, mais mes parents avaient besoin de moi.

— Jérôme vous a parlé de la dame au bouledogue ?

— Oui. Il me l'a même montrée un jour que je l'avais emmené chez le dentiste.

Je sors le portrait robot exécuté par Guillermin.

— Ça vous dit quelque chose ?

— C'est elle ! s'exclame Armande.

Une lancée jubilatoire me glatouille sous les burnes, siège de mes joies les plus intenses.

Elle examine l'image avec avidité.

— Oui, oui, c'est tout à fait elle. Il s'agit d'un portrait robot, n'est-ce pas ?

— En effet.

— C'est du beau travail.

— Je le dirai à l'artiste qui l'a exécuté. Vous dites que Jérôme vous a désigné cette femme, cela se passait dans quel quartier ?

— A Montmartre. Avenue Junot.

— Vous habitez le treizième et votre dentiste exerce à Montmartre ?

— C'est un cousin germain à nous, le fils d'une sœur de papa.

Compris. Toujours l'aimable maf napolitaine.

— La femme en question avait-elle l'air d'habiter ce quartier ?

— Oui, car elle portait un sac de provisions.

— Elle a vu votre frère ?

— Non, car nous étions en taxi, arrêtés à un feu rouge. Jérôme m'a dit : « Tiens, c'est la dame qui me donne des bonbons. »

— Vous a-t-il précisé si elle lui montrait des revues pornographiques ?

— Non. Cela, il en a parlé à ses copains, je l'ai su par la suite.

— Vous avez mentionné cette rencontre de l'avenue Junot à mes collègues qui vous ont interrogée ?

— Personne ne m'a posé de questions, vous êtes le premier.

— Eh bien ! je suis très satisfait de ce que vous venez de me dire, Armande !

Elle est vachetement choucarde, cette sœur. Tu veux parier qu'elle a toujours son berlingue ? Y a plus que chez les Ritals du Sud qu'on trouve encore des filles vierges à dix-huit balais. Façon dont elles sont élevées. Pourtant, à la pizzeria familiale c'est plein d'étudiants dragueurs qui doivent la charger à tout-va. Mais le pizzaman veille au grain depuis son four.

— Qu'est-ce qui vous donne à penser que… que Jérôme…

Elle prend sa figure dans ses deux mains et éclate en sanglots.

Moi, j'ai l'élan fraternel. Je la cueille délicatement par l'épaule et la rabats sur moi. Elle humecte le rembourrage de mon veston, mais les larmes, ça ne tache pas. Elles ne laissent des traces que dans le cœur.

— Je sais combien c'est moche, ma petite fille. Mais il faut être forte. On va du moins essayer de le venger.

Elle s'écarte avec brusquerie.

— Le venger ! C'est ça qui le fera revenir ? Il était si gentil… Cabochard, mais gentil. Il devait porter des lunettes à cause de son strabisme, mais il ne les mettait jamais. On avait beau le gronder…

Elle pleure de plus rechef, cette gentille, palpitante. J'oublie son atroce parfum de mercerie-bazar bulgare et je pose ma joue sur la sienne.

— Je voudrais pouvoir t'aider, Armande. Je voudrais.

Et puis quoi, bon, hein ? Moi, tu me connais ? L'instant, c'est sacré, je n'y échappe pas, *never !* Alors ma bouche cherche la sienne, si fraîche et si maladroite. Je l'embrasse. Elle a un temps de panique, puis elle laisse aller.

On franchit le pas des patineurs. C'est la bisouille intense. Superbe. Avec de la gaucherie de sa part, une certaine réserve de la mienne.

Ça se prolonge un sacré moment. On rassasie pas. C'est trop formide ! Le temps de reprendre souffle et on remet la sauce. Cette gamine, bien drivée, t'en fais une pouliche de race surchoix, une petite baiseuse de first catégorie. Elle a l'élan, le côté passionnel, la sensualité à dispose. Et puis son hérédité napolitaine, farouche !

Je me vois déjà avec elle chez Carita, à lui étudier un look avec les admirables techniciennes de cet institut. Qu'ensuite on irait chez Georges Rech pour la loquer heurf ! Je puiserais sur mon Ecureuil. Ne chipoterais pas sur les prix. Un ensemble avec manteau. Un tailleur avec des chemisiers ad hoc ! Tout le bigntz. Les pompes chez Jourdan. Je te dis ces marques, mais va pas croire que j'émarge. Que je glisse des pubes sauvages. Foin ! Rech, Jourdan, Carita, zob ! Bras d'honneur ! Bons produits, je le dis. Mais que ça s'arrête là. L'Antonio, c'est pas le palpeur d'enveloppes discrètes. Te l'ai déjà dit. Les marques font partie de notre vie, voilà pourquoi j'en cause.

M'est arrivé de causer du président de l'arrêt public, pas pour cela qu'il m'a filé une médaille. J'aurais pas toléré.

Je continue de la galocher à fond d'amygdales tandis que Béru fait vrombir ses rotors.

L'impasse est déserte. Juste qu'on perçoit des déchets de télévisionnerie : coups de pétard, cahots de la diligence qui démantèle, hurlement de ces cons de Comanches à l'assaut de Fort Moncu.

Moi, cette exquise, elle me file la tricotine Grand Siècle à force qu'on se mélange les salivaires. L'émoi, c'est moi ! Ma main explore son corsage. Ferme et déjà bien rempli. Allons, prends sur toi, Antoine. Tu ne vas pas calcer cette tourterelle dans ta chignole, comme la première pouffe venue ! Et ta dignité, mon drôle ! Hmm ? Ton standinge, ta répute ? T'es en service recommandé, merde ou oui ? Et v'là l'apôtre, super-godeur qui s'embroquerait la gamine alors qu'il enquête sur une effroyable histoire de sadiques ! Un comble ! J'ai honte. Me reprends.

— Je te demande pardon, Armande. Je ne sais pas ce qui m'a pris. J'ai essayé de te consoler, et puis…

Elle a un pâle sourire. Mes boniments d'après-pelle, elle m'en fait cadeau.

— Allons, va, petite.

Elle descend de ma tire. Puis, une fois sur le trottoir, se penche vers la portière. J'actionne l'abaisse-vitre de son côté.

— Dites, on se reverra ?

Comme quoi elle y a pris goût, tu vois. Faut comprendre, ça fonctionne comme ça, la vie. Comme ça et pas autrement. Des instincts, des élans, des sécrétions. Un peu de rêve plus ou moins salace par-dessus le blaud pour lier la sauce.

— Oui.

— Quand ?

— Bientôt.

— C'est promis ?

— C'est juré. Donc tu ne m'en veux pas ?

— Non.

Je la regarde s'éloigner dans mon rétroviseur. Il est vingt-deux heures et des. J'ai pas sommeil. Faire quoi ?

Je décarre et roule en direction de Montmartre.

FAIS PAS DANS LA DENTELLE !

L'avenue Junot, à dix plombes du soir, ça ressemble à l'avenue de la Gare de Montrond-les-Bains, question animation.

L'été, encore, t'as des langueurs qui s'étalent. Mais en ce printemps fraîchouillard, mouillé, crachoteux, c'est presque aussi vide que le kangourou d'un académicien (à l'exception de celui de Jean Dutourd qui prétend le contraire et que je crois sur parole).

J'escalade la rue Caulaincourt, et puis je tourne à droite et comme une place se propose, je la profite. L'arrêt du véhicule ne réveille pas davantage Béru que sa mise en marche. Faut dire que ma Maserati est d'un moelleux qui flanque des crises d'urticaire purulent à M. Multispire, l'homme qui a su mater les insomnies les plus récalcitrantes.

Je le laisse aux bras de Morphée, ou à son rêve enchanteur dans lequel il apprend enfin le théorème de Picador.

Et de marcher dans le sens de la Butte.

La « dame » habite le quartier, si j'en crois le témoignage de la gentille Armande. Or, j'ai en poche son portrait ressemblant. Seulement, il est tard. Il n'y a plus, d'ouverts, que les bars.

J'en avise un, plus haut, flanqué de deux arbrisseaux étiques dans des caisses dépeintes.

Dès l'entrée, je devine que c'est un port d'attache pour gens étranges venus d'ailleurs ou soucieux de s'y rendre. La salle est en longueur, feutrée, avec un éclairage qui t'a misé, comme dit Béru.

Deux « messieurs » sympas comme de la pisse dans un pot de chambre conciliabulent dans le fond. Une radasse avec un renard mort au cou, écluse au bar. La vamp sur catalogue d'avant Canuet : platinée, robe fourreau noire, fume-cigarette. Une véritable affiche de film muet adapté de Chandler ou de James Hadley Chase.

Pour couronner le « climat » : au rade, un patron-barman en bras de chemise, blond et déplumé, avec une tronche de chourineur aux yeux clairs, qui prépare son tiercé dans la lumière d'un grand abat-jour de porto Sandeman.

Il lève le nez à mon entrée et le fronce en me voyant. Nos routes méandreuses ont dû se croiser jadis à la faveur d'un coup tordu ; mais je ne fais pas l'effort de le retapisser plein cadre.

— Une vodka-orange, *please !*

Il se remue en soupirant. A son comptoir, il a morflé du burlingue, le frère. La sédentarité est le complice de l'âge pour ce qui concerne la ruine de nos foutues carcasses.

Il me sert, sans un mot.

La fille, intéressée, commence à repter dans ma

direction, mais le taulier lui fait signe que « pas la peine, c'est pas un tapin pour toi ». Confiante dans son jugement, elle rengracie et se remet à penser à sa petite fille qui est en pension chez les bonnes sœurs, près d'Evreux.

Comme le patron prétend se remettre aux courtines, je dépose le portrait robot de Mme X sur son baveux plein de crottin et d'espoirs.

— Excusez, fais-je, ce petit sujet habiterait le quartier ; il ne vous dit rien ? J'ajoute qu'il est question d'une immonde histoire de gosses, pour apaiser vos états d'âme éventuels.

Le blafard blond aux yeux de faïence sort des lunettes pliantes de sa fouille, les reconstruit et en chausse son tarbouif.

Il examine l'image avec une application marquée.

— La gonzesse en question se baguenauderait avec un petit bouledogue sombre en laisse, insisté-je.

Ça, c'est le détail qui devrait lui faire faire « tilt ». Mais il secoue la tête négativement.

— Inconnue au bataillon.

— Dommage.

Je désigne la radure plantée au bout de son chalumeau dans un verre de gin-fizz.

— Mademoiselle est du village ?

Le taulier hausse les épaules.

— Elle vient de se lever et elle ira se torchonner aux premières lueurs, je doute qu'elle connaisse les gens du quartier ; mais demandez-lui toujours.

Moi, conscience professionnelle chevillée à l'oigne, stop. Ne laisse jamais perdre une occasion de faire avancer le progrès, stop. Donc contacte la gonzesse.

Je lui pousse mon document près du godet. Il a été vachement inspiré par Yvette Bonatout, mon chose-frère de l'identité, car la femme reconstituée a une expression effrayante.

Je sers mon petit boniment à la radasse de noye. Au lieu de mater le portrait robot, c'est ma pomme qu'elle scrute.

— Tiens, je vous situais pas poulet ! fait-elle.

— Merci du compliment, ça me va droit au cœur mais vous avez déjà vu cette frangine ? insisté-je.

Elle se décide, blasée.

— Non, moi je vois personne.

Je me rends compte alors qu'elle est tellement schnouffée qu'elle doit passer sa vie à l'ombre d'un arbre à came pour en cueillir les fruits qui tombent.

Désenchanté, je rengaine le portrait robot.

— Vous allez arpenter tout le quartier avec ce machin à la main ?

— Probable. Mon job est fastidieux, mais l'obstination finit toujours par payer. Je serai d'autant plus pugnace que, selon toute vraisemblance, la femme en question torture et bute les gamins.

— Salope ! murmure la pute nocturne.

Elle rêvasse sur son mépris.

— J'ai perdu un enfant, il y a quelques années. Il était placé à la cambrousse. Il adorait les bêtes et passait sa vie dans l'étable. Une vache lui a foutu un coup de corne dans la tête…

— Vous buvez quelque chose ? invité-je. C'est ma tournée.

— Merci. C'est bien la première fois que j'accepte une consommation d'un flic.

Je hausse les épaules.

— Flic ou truand, même combat : la vie, soupiré-je. Tous des hommes avec des problèmes, des misères…

Ces paroles philosophico-apaisatoires me gagnent la bienveillance de la môme.

— Vous êtes sûr que votre gonzesse habite le quartier ?

— On l'y a vue déambuler avec un sac à provisions.

— Faudrait vous renseigner auprès des commerçants.

— Merci du conseil, seulement ça reporte l'enquête à demain car tout est bouclarès à cette heure !

Elle secoue la tête.

— Sauf la pharmacie de garde, plus bas. J'en viens.

Je réagis sec :

— Merci du tuyau.

La pute ajoute :

— Tout le monde va un jour ou l'autre chez le pharmago de son quartier…

Ils sont deux pour s'occuper des clilles, et ce n'est pas suffisant car ça se bouscule au portillon. C'est dingue le nombre de gens qui, la nuit, ont besoin de médicaments. Y a une petite dame boulotte en blouse blanche, et un grand maigre à frime pincée qui ressemble à un toucan réveillé en sursaut. C'est pas une pube vivante, cézigue, car il paraît plus malade que les gens qui sont montés à l'assaut de l'Alka-Seltzer, du Sympathyl et autres dragées Fuca. J'attends patiemment mon tour, et c'est la petite rondouillarde qui s'enquiert de mes désirs.

Je me place dos aux autres clients et lui exhibe ma carte discrètos.

— Deux mots d'entretien, possible ?

Elle rougit, ouvre la bouche grande comme la porte principale du Parc-des-Princes et finit par acquiescer. Puis elle m'emporte dans un minuscule burlingue encombré d'un tas de pacsifs pas encore déballés.

L'escogriffe nous a marqués au fer rouge de son regard fiévreux. Curieux et pas content. Ne va pas tarder à radiner, ce manche, je pressens.

J'explique à la boulotte blonde la gravité du cas et l'importance de ce qu'elle pourrait être amenée à me dire. Elle est coiffée court, avec un nez retroussé et un regard timide de grosse qu'a pas le courage de bouffer des grillades pendant trois mois pour larguer ses dix kilos excédentaires.

Mon laïus débité avec grâce, kif ce serait déclamé par Descrières de la Comédie-Franchouille, paraît l'impressionner. Elle est sympa, cette dodue. Elle sent un peu la charcuterie par-dessous ses remugles pharmaceutiques. Elle doit être chouette à pointer, je suis sûr. Un peu empotée au départ, biscotte les complexes de bourrelets, mais une fois la mèche allumée, ça doit vite tourner au régal. Elle me rappelle une petite bouchère de banlieue que je m'étais respirée par une belle aprème de printemps où les pâquerettes sortaient dru. Elle allait prendre son train pour Paname, sa boucherie étant fermaga ce jour-là. Sur son trente et un, la mère ! Je me suis stoppé à sa hauteur.

« — Vous semblez pressée, madame Colinet, je peux vous avancer ? »

C'était pas de refus, elle voulait choper le 13 heures 38.

Moi, j'lui ai carrément proposé de la driver jusqu'à Pantruche.

« — Les Champs-Zé, ça vous irait ? »

« — C'est trop aimable à vous, m'sieur. »

Sur l'autoroute, je lui ai placé un doigt de cour sans cérémonie. Son plumage ! Son ramage ! Tout ça…

A mi-route je la paluchais complet. Elle gloussait comme quoi j'étais pas raisonnable et autres conneries d'usage. J'ai biché la dernière bretelle avant l'arrivée. Direction le parc de Saint-Cloud, et au-delà les frais bosquets. Un sentier ombreux et elle me chipotait le Nestor, la trancheuse d'escalopes. Bonne gravosse sans histoire. Un petit turlute, *please !* Elle consentait. Voulait tout ce qu'on voulait. Pas du grand art, mais la bonne volonté suppléait. La gentillesse n'a jamais remplacé la lubricité, pourtant c'est un lot de consolation appréciable. Elle était flattée de me pomper le goumi, Germaine. S'est laissé calcer dans ma tire sans barguigner, en une posture inaccoutumière qui lui découvrait des horizons (par la lunette arrière). La bonne troussée bûcheronne, solide et franche. On était deux êtres en vie. A deux doigts d'une espèce de bonheur simpliste. Eh bien, la pharmagote me rappelle Mme Colinet.

Y aurait pas le toucan frileux, à deux pas, prêt à ramener son long bec, je te garantis que je la planterais fastoche, la blonde. Accoudée à son burlingue en une langoureuse embroque. On se donnerait un petit plaisir, en passant. On se ferait ce joli signe de reconnaissance, de tendresse humaine. Tiens, chope !

Je lui tirlipote le portrait robot. La réac est spontanée. Un cri ! Sa main devant sa bouche pour marquer sa médusance.

Elle reconnaît !

Je brûle ! La chance vient me lécher les mains. Brave bête. Elle l'aime bien, son Tantonio, la chance. Parfois lui fait la gueule par taquinerie, mais elle résiste pas longtemps et on reprend notre longue lune de miel, les deux.

Tu sais ce qu'elle me bonnit, la blondasse douillette :

— Mais c'est Catherine Mahékian, le peintre.

Elle perd pas l'image de vue, l'éloigne de soi, la rapproche.

— Oui, pas de doute.

— Vous connaissez son adresse ?

— Au sixième.

De quoi avaler mes trente-deux dents avec le plombage de ma prémolaire.

— Vous voulez dire qu'elle demeure dans cet immeuble ?

— Au sixième, répète la gentille. L'atelier…

C'est là que le toucan constipé passe sa frime désolante.

— Que se passe-t-il, Gudule ? il demande. Que veut ce monsieur ?

Gudule ! Ma première Gudule. Elle doit être flamande, cette dearlinge, d'où ce regard clair, cette gentillesse fondante, ce moelleux.

— Il est de la police ! balbutie Gudule.

Le toucan, c'est le patron de la pharmacie. Tranchant. Vieux potard que j'aimais ! L'œil enchâssé, la voix caoutchouc.

L'oiseau blanc à tête noire s'approche, aperçoit le portrait robot.

— L'on dirait…

— C'est elle, fais-je.

— De quoi s'agit-il ?

— Le jour où vous lirez ça dans les journaux, vous en aurez pour une bonne heure.

Je ramasse l'image. Il est temps de les mettre, sinon je sens qu'il va me gonfler, le marchand de purges. Il a une frite à faire chier le monde entier autrement qu'avec du Pursennid.

Je largue le couple et hésite sur la conduite à tiendre. Faut-il appeler Béru à la rescousse ou bien foncer chez la gonzesse ?

Mon impatience rafle la mise. Je m'élance dans l'escadrin.

Au sixième, il n'y a plus qu'une lourde à l'étage, donc pas à hésiter. Je sors mon sésame et j'entreprends la serrure. Presque aussitôt, un cador se met à vociférer dans l'apparte. Saleté de bouledogue ! Je fais au plus vite et j'entre dans un immense local coiffé d'une verrière sous laquelle sont tendus des rideaux coulissants, assez lâches pour laisser pénétrer le clair de lune de Werther dans l'atelier.

Le bouledogue noir continue d'aboyer, mais en reculant. Sa sale gueule plissée me paraît grotesque. S'il me charge, je lui *shoote* un penalty dans les badigoinces et il paraîtra beaucoup plus renfrogné.

L'endroit sent l'huile de ricin et l'essence de térébenthine.

Carrément, j'actionne le commutateur. Une flopée de loupiotes s'allument en même temps et il se met à faire comme en plein jour dans l'atelier. J'avise des chevalets, des meubles submergés de toiles, des caisses, des boîtes, des palettes, des tubes de peinture par monceaux. Sur la droite se trouve une kitchenette encombrée, juste à côté un roide escadrin donne accès à une loggia servant de chambre à coucher. J'y grimpe. Un grand lit recouvert d'une peau d'ours. Vide. Non défait, plus exactement. La locataire de cet appartement est sortie. Je me mets à visiter les lieux, mais sans rien découvrir d'intéressant. Le bouledogue de merde continue de me japper contre, à bonne distance toutefois, ayant flairé en moi le buteur chevronné capable de lui aplatir davantage le museau.

De rage, il pisse un petit coup contre un chevalet.

Je coule un regard à la peinture de la Mahékian. C'est pas totalement de la crotte de bique, mais ça pourrait en devenir facilement. Du Francis Bacon mal assimilé, avec des nostalgies de Gen Paul, si tu vois le topo ? Tu vois pas ? Ça ne fait rien, on peut être inculte et brave mec, je te garde toute mon estime.

Faudrait opérer une perquise approfondie, mais pour l'instant, ce qui compte, c'est de s'assurer de la gonzesse. Alors j'éteins tout et m'en vais en fermant la lourde. Cette fois, il s'agit de réveiller le Gros et de tendre une souricière devant l'immeuble pour alpaguer la fille dès qu'elle rentrera.

Je l'avise de loin, l'Arrondi.

Mains aux fouilles, il fait les cent pas devant ma tire et, à distance, je l'entends qui grommelle des méchanceries. Elles me concernent car, sitôt qu'il m'aperçoit, il monte le niveau sonore à t'en massacrer les tympans.

— T'es branque ou quoi t'est-ce, hé, peau de zob !

S'tailler sans rien dire, juste que j'avais un instant de flou artistique dans les carreaux, y a qu'tézigue !

— Fais pas tant de raffut, Bombé, tu perturbes la quiétude bourgeoise du dix-huitième.

— J'l'encule, l'dix-zezhuitièrne, et toi avec ! V'là un quart d'heure que Mathias a téléphoné, y s'est produit une couille, rue de Rennes.

— Quel genre ?

— La gonzesse s'est pointée là-bas, mais au lieu de monter à l'apparte directo, elle s'est arrêtée chez la concierge.

— Et alors ?

— Et alors, magine-toi qu'elle est tombée su' l'agent Bonatout, l'cocu de la gentille pipelette. Ce con volant visionnait un matche de fotebale à la télé tandis qu'sa gerce en écrasait, vannée sans doute par mon coup d'rapière.

— Et puis ? Mais parle, Sac à ventre ! Parle, bordel !

— La souris a demandé après Blérot, comme quoi est-ce-t-il qu'il était chez soi, son biniou n'répondait pas, tout ça. Ce gland, tu sais quoi ? Y lu dit que Blérot n'est point à son domicile, mais que par cont', y a deux messieurs et qu'il va les prévenir d'la visite. Qui est-ce qu'il doit-il annoncer ? Tout ça.

— Le sombre con !

— T'admets, hein ? L'a le cerveau fané, ce mec ! Faut le ratifier de la Rousse. Même la circulanche au carrefour, c't un danger public !

— Bon, après ?

— L'est été prévenir nos potes. Pinuche qu'était d'garde a maté par le judas. Voiliant un gonzier qu'y n'connaissait point, à c't'heure induse, il y a balancé le bonheur à travers les naseaux, et l'enfoiré d'sa mère va en écraser pendant vingt-quat' plombes. C'qui m'permettra d'aller brosser un brin sa vieille tandis qu'il est dans les bras d'l'orfèvre.

— Et la femme ?

— Tu parles qu'elle a mis les adjas.

— Viens vite !

Nous fonçons, coudes au corps jusqu'à la pharmacie de garde. On engouffre l'immeuble. L'investit quatre à quatre. En haut, y a de nouveau la charognerie de bouledogue qui nous pousse la goualante des jolis crocs. La fille n'est pas rentrée. Je soporifie son cador pour le faire taire, on éteint les loupiotes, on s'installe dans des canapés tachés de peinture et on se met à l'attendre.

Une pâle clarté nous tombe des étoiles. La réverbération de Pantruche s'y joint. Si bien qu'au bout de peu, on y voit à peu près normalement, pas au point de pouvoir lire la notice d'un produit pharmaceutique, mais assez pour être capable de compter ses doigts.

— Dis voir, Gros, chuchoté-je, y a un truc qui me chiffonne dans l'histoire de la rue de Rennes : tu dis que la fille s'est pointée dans la loge, très bien. Le cornard lui a révélé que deux messieurs occupaient l'appartement de Blérot, parfait. Ensuite il est monté, a sonné, et Pépère lui a virgulé une giclée de sirop de dorme plein naze, toujours d'accord. Mais alors, comment Mathias a-t-il été mis au courant de la visite de notre « cliente » si Bonatout n'a pas eu le temps de moufter ?

— C'est la gamine, la petite Martine, qu'a entendu

depuis sa chambre, laquelle est en prise directe sur la loge. Biscotte la téloche, elle roupillait pas.

— Ah ! bon.

Du temps s'écoule. Un long moment inerte et comatesque. On perçoit une lointaine rumeur feutrée. Les fragrances de peinture me piquent le pif. Ça s'enquille mal, décidément. Maintenant, « l'ogresse » est sur ses gardes. Elle sait qu'il s'est produit une foirure et que ça risque de chier pour son matricule. Alors je te parie le slip de ta grand-mère contre un tailleur de chez Chanel qu'elle ne va pas rentrer. Pas si conne. Elle tient le raisonnement ci-dessous, la gueuse : si deux messieurs occupent l'appartement de Blérot et si son téléphone ne répond pas, c'est qu'il s'est produit du grabuge. On a arrêté Blérot. Il a probablement parlé. Donc, son propre domicile est surveillé.

Je pars à la recherche d'un poste téléphonique. Il y a un appareil à terre, dans un coin de la pièce, avec un fil d'au moins vingt mètres de long permettant de le véhiculer n'importe où dans le vaste atelier.

Je compose le biniou de la Grande Taule.

— Lancez un avis de recherche au nom de Catherine Mahékian, 803, rue Caulaincourt. Artiste peintre. Je vous fournirai des tuyaux plus complets dans les heures qui suivent. Vous pouvez, jusqu'à nouvel ordre, vous servir du portrait robot, il est extrêmement ressemblant. Prévenez tous les journaux. Il doit être encore temps de faire passer la nouvelle, à la une si possible, dans les premières éditions de demain. Titre « Cette femme est recherchée dans le cadre de l'enquête sur la disparition de plusieurs garçonnets, notamment du petit Jérôme Couchetapiana. » Salut !

Je raccroche.

— Donc, t'estimes qu'elle va pas reviendre chez elle ? murmure l'Imposant.

— J'en suis convaincu, Gros. Allez, tu te mets au turf : fouille complète de cet atelier. Il s'agit de réunir un max d'informes sur cette ignoble vache : photos, adresses des relations, papiers concernant sa voiture si elle en possède une, ce que je crois, le grand jeu, quoi !

— Banco, accepte Béru. Tu dis qu'j'me mets au turf, et toi, pendant c'temps, tu vas faire quoi t'est-ce, si c'est pas indiscret ?

— Discutailler avec les pharmagos, en bas.

Le potard a débranché le bec-de-cane et accroché un écriteau contre sa vitre au moyen d'une ventouse comme quoi « Prière de sonner ».

Ce dont je.

Et c'est la blonde pulpeuse qui se pointe, sa blouse blanche mal boutonnée par-dessus une combinaison de satin rose comme n'en portent plus que les vieilles bourgeoises, les honnêtes femmes et quelques bonnes ibériques. Elle me reconnaît à travers la vitre, réprime un bâillement et déponne.

— Je vous réveille ? fais-je d'un ton apitoyé.

— Oh ! les nuits de garde c'est du sommeil en pointillé.

J'entre, elle relourde. L'éclairage du magasin est tamisé. D'emblée, elle me drive jusqu'au bureau encombré de colis où un minuscule lit de camp a été développé.

— Et votre coéquipier ? je m'enquiers.

— Il est monté se coucher. Lui, c'est le patron.

Sans amertume, simple reconnaissance d'un droit suzerain. Elle sent bon la dorme et, toujours, discrètement, la charcuterie fine.

— Pardon de vous déranger, mais il y a urgence. Le portrait de votre voisine peintre fera la une de tous les journaux demain à l'aube. Il roule déjà sur les rotatives.

— C'est si grave que cela ?

— Pire. Il faut absolument que vous me parliez d'elle.

— Je n'ai pas grand-chose à vous en dire…

— On n'est jamais bon juge de ce que l'on sait ou non sur les autres. Ça fait combien de temps que vous travaillez dans cette pharmacie ?

— Huit ans.

— Alors, vous pensez ! Elle possède une auto ?

— Oui. Une R 5 rouge.

— Il est déjà important pour moi de savoir ça, encouragé-je. Quel genre de fille est-ce, selon vous bien entendu ?

— Grave, ne riant jamais, comme sous le coup d'un chagrin qui n'en finit pas. J'avais l'impression qu'elle souffrait d'une séparation. J'imaginais qu'un homme auquel elle tenait beaucoup était mort ou l'avait quittée.

— Elle fréquentait des gens ?

— Je l'ai vue en compagnie de personnes d'un certain âge, oui. Mais impossible de vous les décrire.

— Et avec des enfants ?

— Non, jamais.

— Vous en êtes certaine ?

Elle gamberge d'une façon appliquée, en conscience, comme lorsqu'elle procède à une préparation délicate.

— Oui, à peu près. Un homme distingué, aux cheveux gris, venait assez souvent lui rendre visite. Quand je dis assez souvent… Dans le fond je l'ignore, je ne suis pas la concierge de l'immeuble. Disons que j'ai aperçu ce type à plusieurs reprises avec elle. Je me disais que ce devait être le directeur de la galerie où elle exposait, peut-être parce qu'un jour il emportait plusieurs tableaux…

Coup de sonnette.

— Je vous prie de m'excuser.

Elle va ouvrir à un vieux bonze jaunâtre qui a enfilé un pardingue râpé par-dessus un pyjama que je devine jaune devant et marron derrière.

Cégnace gommeux souffre de la mâchoire. Ça lui prend d'ici jusqu'à là, tu vois : au-dessus de l'oreille. Intenable. Il se cognerait la tête contre les murs.

Ma compagne lui refile un calmant énergique et lui conseille de prendre rancard chez son toubib demain morningue. Elle est de plus en plus sympa, cette doudoune. J'en ai Coquette qui frétille comme la truite de Schubert dans la culotte de sa voisine de palier. Et puis c'est l'heure lourde, tu comprends ? L'heure poisseuse de minuit passé, quand après une rude journée la fatigue te râpe le sensoriel et que les pénombres t'incitent aux polissonneries délicates.

Elle raccompagne le vieux ganacheur, bouclarde, revient. Le sourire, toujours.

— Vous êtes mariée ? je lui questionne juste à l'endroit de brûle-pourpoint.

Pourquoi rosit-elle, cette délicieuse ? Je te jure qu'elle m'évoque Mme Colinet, Gudule. Leurs beaux nichons, leur gentillesse, leurs yeux candides, même con bas.

— Divorcée, répond-elle comme en s'excusant.

— Il y a longtemps ?

— Trois ans.

— Et depuis ?

Elle est écarlate comme l'eau du même nom. Au fait, c'est pas rouge, l'eau écarlate, qu'est-ce que je déconne. C'est comme de la flotte ordinaire. Mais l'amour du mot t'entraîne aux contrevérités.

Je lui souris.

— Pardonnez mon indiscrétion, mais vous me plaisez infiniment.

Poum ! Le moulinet se dévide. Mon leurre fonce à travers le décolleté de médéme.

On a un silence. Mon regard est allumé pleins phares. Je me rends bien compte que je lui plais férocement, Gudule. Juste sa monstre timidité qui nous sépare.

Je murmure, d'une voix savante, pareille à celle des radioreporters d'avant-guerre :

— Au détour de la vie, comme ça. La magie d'une rencontre… La fascination de l'instant.

J'avance ma bouche vers la sienne. Elle laisse aller. Le bizou miauleur, à fond la caisse. Dommage : elle fume ! Je déteste le goût du tabac sur les lèvres d'une femme. Ça me la déféminise. Mais, bref, je fais contre mauvaise fortune bon cœur. Plus le moment de chipoter. L'affaire est trop engagée pour qu'on se permette de radio-ciné, comme dit Bérurier, l'analphacon de l'élite.

J'ai le bon réflexe d'éteindre le bureau. Avec une

timide de sa trempe, l'obscurité est ton auxiliaire la plus précieuse. Ne subsiste que la faible clarté nous parvenant de la pharmacie.

Quand je l'aurai lonchée, ne pas oublier de lui recommander de ne plus fumer.

Mes sens prennent en charge le destin immédiat de cette douillette. Pourvu qu'un autre con ne vienne pas sonner pour ses tripes, ses glandes, son guignol ou ses cors aux pieds ! Suspense ! Mais quel régal ! Je l'avais senti qu'elle y passerait, Gudule. Une géographie comme la sienne ne pouvait m'échapper. Y avait connivence profonde entre son cul et mes mains, ma zézette et ses cuisses, ma langue et son pôle d'attraction. C'est des choses inexplicables. Elles relèvent du grand mystère animal que causait je sais plus qui. Comme si c'était inscrit dans le grand livre du destin, comme l'écrivait une romancière de deux cent dix livres (il s'agit de son poids, pas de son œuvre).

Elle embarque doucement à bord de ma nacelle, la potarde. La nacelle *Voluptas*. Croisière forfaitaire, sans forfaiture ni forfanterie.

Le burlingue encombré, lui aussi, je l'avais prévu inconsciemment. La manière que j'y juche et installe ma chère partenaire : la nuque à Lille, le dos à Auxerre, un pied à Gap, l'autre à Biarritz. Décarpillage sans sauvagerie, auquel elle participe par une non-passivité efficace, simplement en remuant à bon escient pour faciliter la dépiaute… Ah ! chère femme, compagne d'un instant. Consentante et ravie. Effarouchée mais heureuse. Visiteuse confuse du jardin d'Eden que je guide d'un membre sûr.

C'est l'enfourchement soudard, mais pratiqué avec

un tact qui en corrige la rusticité. Elle est là, offerte et plantureuse, ma Gudule de nuit. Bien fondante et débordante. Nue comme Vénus, une bonne grosse Vénus flamande, nichonnante et un tantisoit ventrue.

Des deux mains posées à plat sur ses mamelons, je pratique des exercices circulaires qui la font geindre, non sans avoir conduit mon pote Nestor à pied d'œuvre pour qu'il exécute son joli numéro branché.

Elle roucoule, la grosse tourterelle. On ne lui avait jamais fait ça. *Never ! lt is fabulous ! The first time, indeed ! Again ! Oh ! yes : again, my darling !*

Elle oublie sa pharmacie. Moi, je mets mon enquête en mémoire. Et c'est la gentille troussée pour pharmacienne de garde. Le coït nocturne dans toute sa grâce et sa vigueur.

Un coup de sonnette !

Trop tard ! Que le patient patiente ! Nul mal ne saurait interrompre le nôtre. Tiens, ma Gudule, connais la joie simple que nous ont transmise nos chers parents ! On sonne, dis-tu ? Et alors ? Vas-y, ma doudoune, vas-y, ma grosse, vas-y, ma blonde. Aime-toi, le ciel t'aimera.

On s'emporte mutuellement à travers le sous-bois printanier du bonheur, comme l'a si bien écrit Marcel Druon.

Superbe ! Grand ! Beau !

Et pour tout te dire en un mot : noble !

Mais notre pied mignon, façon Cendrillon, ne fait pas le blaud de la personne souffrante et intempestive qui nous joue *La Marseillaise* sur la sonnette. Son impatience croissante la pousse même à accompagner du poing dans la vitre, puis à y joindre la voix pour composer un étrange concert de musique dissonante.

On perçoit ces mots durs durs :

— Mais qu'est-ce y branle, ce pharmago de mes deux ? Si c'est juste pour aguicher l'clillent, sa pancarte de mes fesses, autant qu'y mette la photo à Canuet cont'sa vitre, ça f'ra plus d'effet !

Bérurier !

Je me rajuste comme on dit puis dans les romans dont la polissonnerie n'exclut pas une certaine pudeur conventionnelle. Se « rajuster », t'auras remarqué, hein ? Déjà au siècle dernier. Y viennent de folâtrer dans les foins fleuris et, après, y s'rajustent ! M'sieur le comte vient d'tringler la nouvelle femme de chambre dans sa soupente, qu'aussitôt fait il se rajuste ! Et la petite médème dans l'entresol coquin de Maupassant, après s'être dévergondé la moniche, ploff ! La v'là qui se rajuste aussi !

Bon, alors je me rajuste en mettant dans le remballage de Coquette un max de dignité mal commode à établir cependant (tout ce qu'il y a de pendant, tu parles !).

Et c'est ma pomme qui vais ouvrir au nergumène tandis que ma fondante Gudule trotte se refaire une virginité express.

Il est dans tous ses états, le Gros.

— Mais qu'est-ce tu foutais ? J'allais enfoncer la lourde !

— Je prenais une déposition, gars, et dans l'arrière-boutique on entend mal.

Il jacte :

— Figure-toi que le téléphone a sonné dans l'atelier. Je m'ai demandé c'que je devais faire…

— Et tu as décroché, sombre con ?

— *Yes.*

— Et personne ne t'a répondu ?

— *Nein.*

— Tu as entendu juste une respiration. Tu gueulais « Allô, j'écoute » et on a raccroché ?

— *Si, signore.*

— Tu sais que tu… ?

— Je sais. Mais ç'a été un réfresque espontané, mec : une sonnerie, tu réponds.

— Quand t'es le poulet le plus abruti de Paris, oui. Tu ne piges donc pas que c'était la fille ! Elle a essayé cet appel pour vérifier si la voie était libre. Et toi tu lui fournis la preuve que non. Maintenant elle est en cavale !

Gudule apparaît, réparée. Elle croit à un client.

— Monsieur désire ?

Bérurier la regarde, de son œil de vieux sanglier pour qui tout ce qui se passe dans les halliers est familier et à qui on ne la fait pas. Il pige le trouble de la dame. Il décèle des indices révélateurs. Alors il se tourne vers moi.

— Tu m'as dit que tu prenais une déposition, mec. Si j'me goure pas, tu la prenais en levrette, ta déposition ?

— Je t'en prie !

— Quoi, tu m'en pries ! C'est pas aux vieux tendeurs comme mézigue qu'tu vas vendre des capotes anglaises trouées ! T'embroquais madame, v'là pourquoi ça n'répondait pas. On est là su l'pied d'guerre et môssieur l'commissaire grimpe au fade baïonnette au canon ! Bravo ! Y s'fait reluire superbe, le beau ténébral, s'pas, jolie maâme ? Notez qu'j'comprends son coup d'tendresse en vous voiliant. La blouse blanche, l'homme ça lu porte aux sens. Et c'qu'a en dessous, j'en f'rais mes choux raves, toute galantine mise à part. V's'avez pile la pointure idéale. On peut toucher ? Just' s'rend' compte si on est pas berluré par l'visu. Sans le tastu, des fois, on s'goure. Permettez ! Dedieu ! Là, c'est le top niveau ! Y n'vous resterait pas un brin de fringale, mon p'tit cœur ? Je vous garantis qu'la seconde troussée est toujours meilleure. L'tempérament donne à outrance, comprenez-vous ? Il puise dans ses réserves. Vous zob tenez la quintessence. D'autant qu'j'sus pas équipé garçonnet, ma colombe. Si vous voudriez abaisser vot'regard de quéqu'degrés, j'vous dessine la chose à travers l'futiau ? Non, non, sursautez pas. Y n's'agite point d'une mitrailleuse lourde. C'est du vrai braque naturel, av'c sa grosse veine bleue et tous ses accessoires. V's'avez beau êt' pharmagote et, d'ce fait avoir l'occasion de visionner des nœuds plus souvent qu'à leur tour, j'peux vous dire que des comme çui dont j'ai l'honneur, v's'en aurez jamais vu et encore moins encaissé. L'deuxième paf d'France, mon trognon. Juste un vieux crabe, l'père Félisque, qui me bat. Mais lui, c'est carrément un monstre ! Il marne dans une boîte frivole du quartier des Ecoles. « Félisque le surhomme », y a d'marqué. La taule s'appelle « Le Service Trois-Pièces ». On lui attrique mille points par soirée pour déballer son mandrin aux trois séances. Y a une tombola chez les dames. La celle qui gagne a l'droit de lu turluter l'engin. Si elle y arrive, on lui offre une boutanche de champ'. V'nez, vous n'regretterez pas. Tiens, Tonio, j'ai trouvé ça, là-haut, compute, du temps qu'je finis la nuit d'folie à madame.

Il me fourre une poignée de documents extraits de sa vaste poche et, prenant la douce Gudule par le bras, l'entraîne vers l'intérieur. Elle essaie de regimber, de protester, mais la force du taureau est si impétueuse qu'elle doit céder.

Je me dis, en les voyant disparaître, qu'on va finir par se composer une sacrée réputation dans ma brigade. On joue de plus en plus aux gendarmes et aux violeurs, tu ne trouves pas ?

Je passe également dans la réserve, qu'inutile de parader dans la pharmacie, tu conviens. Une vieille banquette au cuir crevassé accueille ma lassitude. Posément, j'étudie les pièces que m'a remises Béru. Un contrat d'assurance pour la Renault 5 (ce qui m'en fournit le numéro). Une carte d'identité périmée comportant la photo de la femme Mahékian (très proche en effet du portrait robot). Des documents bancaires indiquant qu'elle est à la tête d'une petite fortune puisque son avoir dépasse le million de francs. Un carnet d'adresses, chichement garni (elle doit avoir peu de fréquentations). De la correspondance avec une certaine Laura Manzardin, Chenil du Grand Lavoir, à Mériflour-le-Bas, 78. Des photos de famille jaunies qui la montrent gamine, avec un couple et une autre petite fille plus âgée qu'elle. Des factures courantes : location, eau, gaz, électricité, téléphone, épicerie, notes de garage, de médecin…

Je pousse la porte du bureau. Image attendrissante de

Sa Majesté Alexandre-Benoît Ier, assis sur une chaise, le bénouze et le calbute affaissés sur ses godasses, avec la passive Gudule à califourchon sur lui, bien ancrée et se livrant à une séance de trot anglais qu'il soulage galamment en lui remontant les fesses à deux mains.

Elle a le visage abîmé sur l'épaule du Mastodonte et produit, en respirant, le bruit d'une ancienne locomotive à vapeur attelée à un convoi de cent vingt wagons.

Je m'approche du Mastar, lui chuchote à l'oreille :

— Ne bouscule rien, Gros. Je dois rentrer d'urgence à la Grande Masure, tu prendras un bahut pour me rejoindre.

— Jockey ! répond le Renflé.

Et de déployer un regain d'énergie pour activer le fessier altruiste de la chère Gudule.

Je prends une boîte de pastilles Valda en retraversant la pharmacie, mais, honnête jusqu'à l'absurde, laisse à toutes fins utiles un billet de dix pions sur la caisse.

FAIS PAS DANS L'ABSTRAIT !

Le brigadier Poilala, de service cette noye, m'a monté une Thermos de café fort. Mais le caoua, y a que dans les romans américains qu'il requinque les flics fourbus. Son action est illusoire, sa stimulation éphémère. Il te met de la nervouze dans la fatigue, point à la ligne. Tu restes flagada, mon brave. Les paupières de plomb, les reins moulus, l'entendement en arrière-garde. Si t'en écluses trop, il te flanque des palpitations ; mais tu demeures vanné et embrumé. Parce que le sommeil, une seule chose peut t'en guérir : la dorme.

Ce que comprenant, je vais m'abattre dans un recoin de mon antre où s'étale un machin éventré qui ressemble au canapé de la mère Récamier. Je m'y pelotonne après avoir éteint la loupiote de la pièce. L'effet est immédiat : chute libre dans le néant. C'est bon. J'oublie Catherine Mahékian et ses turpitudes, Gudule et son brave cul consentant, la chasse à l'ogresse qui se prépare tous azimuts. Un moment d'oubli, par pitié. Une grande ébrouance dans le schwartz, je Vous conjure humblement, Seigneur. Et le miracle s'opère : j'en écrase.

Dans mon sommeil mal commode, tourmenté, surgissent des lumières et des bruits. Assez faiblards les unes et les autres. Lumière tamisée, bruit craquant de chaise, bruit de paperasses compulsées. Bruit de forte respiration. Je rêve qu'un fauve est tapi dans la pièce, prêt à me bondir sur le colback.

Je « fais avec ». Mon épuisement est trop intense pour se montrer difficile et s'accoutume à ces scories.

Quand, soudain, une détonation. Pas sèche, mais comme écrasée, avec des ondes de choc, des prolongements indécis. Aussitôt en alerte, mon sub tente d'en définir l'origine. Pas un revolver, ça. Plutôt une étoffe qui crève et se déchire sur quelque longueur. Ou bien… Oui, j'ai trouvé : un pet de Bérurier ! J'en demande humblement pardon à mes lecteurs fragiles (si toutefois il en reste encore, ce qui me surprendrait), mais une loufe de Sa Majesté n'est pareille à aucune autre. Sa violence est unique au monde. Aucun orifice anal ne peut libérer pareille charge d'air comprimé. Mais l'explosion est toujours suivie d'une espèce d'écho modulé qui se perd dans d'obscurs marécages.

D'impressions en sensations, de sensations en pensées, me voilà réveillé. Je dégoupille mes paupières, ce qui m'offre une vue paisible sur Béru, assis au bureau, dans le cercle blafard de la lampe, en train de compulser les paperasses qu'il a dénichées dans l'atelier de « l'ogresse ».

Son gros cul monolithique se trémousse sur la chaise. Moi qui connais tout de cet homme remarquable, je prévois qu'un nouveau pet va suivre, et qu'on le pose présentement sur sa rampe de lancement. Effectivement, le deuxième coup de canon fait frémir le siège et un léger nuage soufreux flotte sur le siège.

— Touché par tribord ! je crie.

L'Homme au Gros Moignon ne se retourne même pas. Simplement, sa nuque plonge un peu.

— J'allais just'ment t'réveiller, mec. J'croye qu'a mieux à faire que dormir, mon pote. Faut batt' l'fer pendant qu'il est chaud.

Je bâille. Je suis comme engoncé dans moi. Lové au creux de mon estomac.

Il continue :

— D'acc, j'ai sûr'ment fait une connerie en décrochant le biniou, chez la gonzesse. Mais d'un aut' côté elle s'sent traquée et ça l'oblige à se planquer.

— Ce qui t'amène à quelle conclusion ?

— Où veux-tu-t-il qu'elle ira sinon chez quéqu'un d'confiance.

Il tapote ses paperasses.

— Elle a là des bafouilles d'une bonne femme qui pourrait êt' sa frangine s'lon les termes dont elle emploie.

— Celle du chenil ?

— Moui. M'est avis qu'on d'vrait foncer chez c'te Laura Manzardin.

— Tu as sûrement raison, Gros.

Je me lève et me dénoue à l'aide de mouvements appropriés. Une douche me serait bienvenue, mais ici, tu parles ! Je me rabats Sur la Thermos pour finir le caoua.

— Alors, c'était bien, avec Gudule ?

Il sourcille :

— Quelle Gudule ? Ah ! la pharmagote ? Parle-moi-z'en, je te retiens. T'es parti sans relourder. Et voilà-t-il pas que le patron se pointe à l'improvisé, j'l'avais réveillé par mon chahut pour m'faire ouvrir et y v'nait s'assurer. Ce con qui s'pointe en plein steeple-chaise de la môme, juste à l'instant de sa décarrade. Tu l'aurais entendu bramer, c't'étron sec ! « Madame Gudule, huit ans que je soupire après vous sans oser vous déclarer ma flamme. Huit ans qu'je ronge mon frein dans ma poche ! Huit ans qu'j'm'masturbe devant votre photo qu'on a prise à la sortie d'fin d'année. Je vous respectais au point de ne pas oser vous donner le plus léger baiser, et qu'est-ce j'm'aperçois ? Qu'vous êtes une pute ! Une grosse salope qui fornique av'c n'importe qui ! »

« Alors là, j'ai intervenu. Le temps de désatteler Ninette et j'fais au vilain-pas-beau en lu montrant mon sesque : « Dis voir, le Constipé, on traite pas un homme de n'importe qui quand t'est-ce il a un braque pareil. Si t'aurais possédé un bébé rose d'ce calibre, y a lurette qu'tu t'l'aurais enfourchée, la Gudule, boug'de serin malade ! »

« C't'était dramatique. La blonde chialait, demandait pardon. Elle pouvait pas crier au viol pisque c'tait t'elle qui me grimpait en danseuse, nécessairement, ni dire qu'j'la menaçais, la manière qu'elle app'lait sa mère en m'chevauchant l'aubergine, quand il était entré, ce tordu ; hurlant comme quoi c'tait bon et que « oh ! oui ! oh ! oui ! oh ! oui… »

« Le salaud de pharmacien s'est montré intraitab'. Il l'a virée dare-dare. Elle a ôté sa blouse, l'a mise dans son sac, a décroché son pauv'manteau à col de lapin. Elle était impitoyab'dans la nuit, Gudule, si tu saurais.

« J'l'ai raccompagnée en taxi jusque chez elle et j'l'ai finie en levrette dans sa porte cochère, pas la laisser en rideau, c'qu'est toujours très mauvais pour l'glandulaire, j'm'ai laissé dire. Ell' demeure 81 rue Meissonnier, dans l'dix-septième, r'tiens bien. Mme Durand, tu n'peux pas t'tromper. Pendant qu'é s'ra au chômedu, faudra qu'on la sabre un peu, les uns les autres, si on passerait dans son quartier, manière d'lu apporter un peu d'divertissure, d'réconfort. Faut penser aux aut', d'temps en temps, sinon on d'viendrait d'sales égoïsses pas vivab'. Cela dit, faut reconnaît' qu'on a le fion bordé de nouilles, nous aut' : on baigne dans la boîte comme les cornichons dans le vinaigre. »

Et tout ce discours éblouissant, vivifiant, hautement éducatif, nous a conduits jusqu'à la porte de Saint-Cloud.

Mériflour-le-Bas est une délicieuse localité verdoyante, nichée dans un vallon du côté de Neauphle-le-Château, où le cher Alaïolie Komédy contracta durant le long exil qu'il y vécut cette immense reconnaissance pour la France qui le fait pisser plein son grand froc chaque fois qu'il voit le drapeau tricolore ou qu'il lit un San-Antonio.

On tourne à droite, puis à gauche à la bifurcation, on suit le panneau et on se pointe devant la minuscule église bâtie pour Utrillo, mais il était trop soûl pour venir jusque-là.

Une pancarte représentant une tête de berger allemand aux oreilles pointées est plantée à l'orée d'une venelle. « Chenil du Grand Lavoir. » C'est laguche. La venelle s'enfonce entre deux murs débordant de glycine. Et tout au fond, on retrouve les champs à blé de cette noble région. Une construction neuve se dresse en bordure de plaine, c'est-à-dire à la fin du vallon. Genre ranch amélioré. Tout en rez-de-chaussée, crépi blanc et bois clair verni. Derrière ce faux ranch, une espèce de camp de concentration avec de hauts treillages musclés et des cabanes en fibrociment.

Notre approche déclenche un concert d'aboiements féroces. Je me dis qu'on n'a pas vu le grand lavoir donnant son nom au lieu-dit, mais peut-être l'a-t-on supprimé pour, précisément, construire ce chenil à la place ?

J'ai abandonné mon véhicule près de l'église et le vent de la nuit nous cingle la gueule. Il contient des zébrures de pluie. Le ciel est boursouflé de gros nuages mécontents.

Béru balance son troisième louf de la nuit. Un vrai, pour horizons lointains ; pet superbe d'alezan sauvage galopant dans la pampa, crinière flottante.

C'est signe de tension chez lui. Il libère la vapeur excédentaire pour mieux se concentrer. Après tout, cette visite est une idée à lui. Alors, il redoute qu'elle se solde par un échec.

Il ne pense plus à la tendre Gudule Durand, chômeuse de première classe, chassée des locaux vénérables de la pharmacie Lacoinsse par un patron jaloux. Non, il est devenu chien de meute, le Béru. Tendu, aux aguets.

Dans le ranch, tout est obscur, silencieux, mais la

bacchanale que mènent les pensionnaires à quatre pattes (comme on dit dans les gentils contes à la con d'autrefois) finit par alerter les habitants du logis et, bientôt, une clarté jaillit dans la façade.

Puis des volets violemment poussés claquent. Un mec baraqué, en maillot de corps et les cheveux en brosse, se découpe sur fond de chambre à coucher Monsieur Meuble.

— Y a quelqu'un ? il lance d'une voix forte.

— Il y a nous, dis-je en m'avançant dans le rectangle lumineux, mais n'ayez pas peur, nous n'avons pas de mauvaises intentions.

Un formidable rire nous répond.

— Peur, moi ? Je sais même pas ce que ça veut dire. Ancien para sous les ordres de Le Pen, vous permettez ?

J'opine (donc je suis).

— Vous m'en direz tant !

— C'est à moi que vous en avez ?

— J'aimerais vous parler, à vous et à Mme Manzardin, oui.

— A une heure du matin !

— Est-ce à un brave que je vais objecter qu'il n'y a pas d'heure pour lui ?

Le moment est venu de lui montrer ma carte.

— Commissaire San-Antonio, la lui et me présenté-je.

Une voix de femme embrumée parvient de l'intérieur :

— Qu'est-ce que c'est, Louis ?

— La police, ma belle.

Et cette magistrale objection :

— Qu'est-ce qu'on a fait ?

Tout de suite. Ils sont commak. La police chez eux, et ils s'interrogent. Ils ne protestent pas « qu'ils n'ont rien fait », non, ils demandent « CE QU'ILS ONT FAIT ».

Le para de Le Pen ronchonne qu'il aimerait le savoir. Ce qui m'incite à lui demander la permission d'entrer dans son chenil-ranch. Il passe un peignoir de bain en tissu-éponge bleu des mers du Sud et vient nous accueillir.

On s'annonce de plein *foot* dans un livinge tel qu'en rêvent tous les gaziers affligés d'un F3 ou 4 lorsqu'ils ont bu trop de rhum ou de perniflard.

Y a du rouet en forme de lustre, des canapés bas, en bois massif, et puis tout à lavement, comme dit Sa Seigneurie, plus des photos aux murs représentant des chiens, des chiens et encore des chiens, tous bergers, tous allemands avec des airs à te bouffer les couilles si tu les regardes de travers, et le cul si tu te sauves.

Louis Manzardin nous fait asseoir civilement. Lui-même se sélectionne le meilleur de ses fauteuils, croise les jambes et se met à s'éplucher des peaux mortes autour du gros orteil gauche.

La lourde du fond s'entrouvre sur une petite femme brune, du genre pruneau, aux grands yeux fiévreux et au teint bistre. Elle n'est vêtue que d'une chemise de noye style baby-doll, pas plus grande qu'un abat-jour de lampe de chevet, qu'heureusement elle a passé un slip, sinon tu lui voyais la chaglatte comme je te vois.

— Je me doute que cette visite intempestive peut vous surprendre, je leur dis-je, aussi je plonge dans le vif du sujet : Catherine Mahékian, ça vous dit quelque chose ?

— C’est ma sœur ! s’exclame la dame Manzardin.

Ce qui te prouve donc que les déductions béruréennes étaient fondées et ce qui me surprend d’autant moins qu’elle ressemble, en plus maigre, à la femme en fuite.

— Elle ne séjournerait pas chez vous, par hasard ?

— Quelle idée ! s’exclame le dresseur de fauves.

— Vous avez eu de ses nouvelles aujourd’hui ?

— Pas le moins du monde, aboie l’homme aux cheveux en brosse (à chien), comme sur la défensive.

— Vous la fréquentez beaucoup ? insisté-je.

— Elle ! s’écrie le chenileur, on peut pas s’encaisser, les deux ! Laura va la voir à Paris, ou bien lui écrit, mais moi, cette belle-sœur, moins je la vois, mieux je me porte.

— Est-il indiscret de vous demander l’objet de cette antipathie profonde ?

— Ses grands airs. Elle me prend pour une espèce de brute sans cervelle et me parle comme je n’oserais jamais parler à l’un de mes chiens. Alors, comme j’en ai rien à cirer, hein ? Chacun chez soi et Dieu pour tous !

La chétive Laura opine sur son bout de siège où elle a perché son maigre dargiflard. Elle est soumise à son dur. Il en a fait sa chose, sa maîtresse-servante. Le grand coup de bite du soir pour se faire pardonner les houspilleries incessantes de la journée, j’entrevois.

— Vous êtes arméniennes, toutes les deux ? questionné-je, tourné vers la Cosette du para.

— D’origine, mais nous sommes nées en France.

— Comment vit votre sœur ?

— Elle est peintre.

Le dur ricane :

— Parlons-en de ses décalcomanies. J'aurais ça sur mes murs, ça me foutrait la chiasse !

— Il en faut pour tous les goûts, laisse tomber Bérurier d'une voix conciliante d'homme sage.

A cette assertion, je comprends que le sieur Manzardin ne lui est pas très sympa. Il a ses tronches, l'apôtre. Au premier contact, il détermine qui lui convient et qui mérite son poing dans la gueule.

L'éleveur de molosses hausse les épaules.

Je reprends :

— Elle n'est pas mariée ?

— Pensez-vous ! Elle, c'est le gigot à l'ail !

— Louis, je t'en prie ! proteste sa brebis bêlante.

— Eh ! dis, Laulau, viens pas me chambrer avec les mœurs de ta frangine ! Qui est-ce qui passe ses nuits *Au tuyau de Pipe* ou à la *Mandoline Bleue,* qui sont des boîtes de gougnes notoires ?

— Elle recherche du folklore !

— Pas à peindre, à lécher ! rigole ce facétieux goujat. Remarque, si elle aime bouffer les artichauts sans leur enlever les poils, c'est son affaire !

L'intéressante discussion en est là quand un ronflement de taumobile retentit. Des lumières de phares éclaboussent la porte-fenêtre.

— On vient ! dit Louis Manzardin. Vous attendez des confrères, messieurs ?

— Non, dis-je sèchement en m'approchant de la croisée la plus proche.

Dans la clarté lunaire (c'est pleine lune) j'avise une R 5 rouge. Mon cœur, mes tripes, mes claouis, mes clés, mes cheveux bondissent.

LA VOILÀ !

On va se la gaufrer en plein, la perverse. Nous arrive toute rôtie dans les pognes ! Un vrai velours ! Bravo, Béru ! Ce groin qu'il a eu, le Patapouf, en me proposant de venir draguer dans ce chenil !

— Je crois que lorsqu'on parle du loup…

Mais une forme cabriole devant moi, me bouscule, ouvre la croisée et hurle :

— Va-t'en ! Va-t'en ! La police !

Juste comme elle venait de couper son moteur. Qu'aussitôt, fais-lui confiance, elle remet les gaz. Je saute par-dessus la barre d'appui et fonce à m'en fracasser le menton à coups de genoux. La petite chignole manœuvre en vitesse sur le terre-plein. Je l'atteins. Je la touche. Nos yeux se croisent, à la fille et à moi. Oui, oui, le portrait robot est une réussite. Le triomphe de mon pote aux sandales puantes. Il a même su recréer le regard terrible, froid, implacable.

Je tâtonne pour ouvrir la portière ! Putain d'elle ! Où sont les bonnes vieilles poignées d'autrefois qu'on pouvait saisir à pleine main. De nos jours, faut éviter la résistance à l'air ! Tout est encastré. Dans le prose ! Ma main glisse le long de la carrosserie, l'automobile de la Mahékian bondit. Elle ronfle à s'en arracher le moteur. Ses feux rouges s'éloignent toute vibure dans la venelle aux glycines. Disparaissent.

Courir jusqu'à ma propre tire et me lancer à sa poursuite ? Elle a pris trop d'avance. Je ne saurai quelle direction prendre.

— Vache ! Vache ! Vache ! trépigné-je.

Et je rentre dans la maison où il se passe des choses. Bérurier est en train de se colleter avec Manzardin, et crois-moi, ça chie dru. Pas manche, le para. Il sait se battre. Un orfèvre. La manière qu'il porte des une-deux à la face du Gros. Le dentier d'Alexandre-Benoît-le-Grand gît déjà sur le carrelage. Mon pote a une pommette ouverte comme une orange à laquelle tu viens d'enlever un quartier. Son pif raisine. Il tente de charger son tagoniste, mais la technique de l'autre le maintient à distance. Alors il encaisse, stoïque.

Moi, je dégaine l'ami Tu-tues. Le Mastar s'en avise, ayant toujours l'œil clair.

— Touche-le pas, il l'est à moi ! hurle-t-il.

Je remise ma rapière. Qu'il en soit fait selon les vœux de mon cher et vaillant camarade.

Louis ajuste de plus en plus ses coups. Béru vacille. Mais je devine que s'il en prend plein la margoulette, c'est pour mieux mijoter son affaire. Laisser croire qu'il est débordé, qu'il va s'écroulaga.

Ça chicorne à outrance. Faut être l'enclume béruréenne pour tenir encore debout.

Et Manzardin s'excite. Il gronde :

— Fumier de flic ! Je t'apprendrai à gifler ma femme ! Tu vas voir ta sale gueule de pourri ce que je vais en faire.

Et tout soudain, il parle plus parce que Sa Majesté vient de passer à l'offensive en lui décochant sa talonnade magique dans le bas bide. Un coup exclusif à Messire l'Enorme. Il chique le gars soûlé de gnons, pivote de trois quarts et vlan ! place sa botte secrète (c'est le cas d'y dire !). Louison, il moufte pas. Mais la douleur le foudroie. Il reste figé, bras ballants, à grimacer. Bérurier part au régal. Son deuxième coup favori (comme il dit) : la boule dans le pif. Cent vingt kilogrammes viennent de prendre leur élan pour que la tête de bronze du Terrific s'encastre entre le nez et le menton de Loulou. Là, il s'écroule, le paratonnerre. Floc ! Béru, c'est pas le genre magnanime, qui tend la main à son adversaire terrassé pour l'aider à se relever. Le shoote dans le temporal : une fois, deux fois, trois fois. Extinction des feux ! Salut aux couleurs ! Groggy au champ d'honneur, l'éleveur de clebs. Bras en croix, la respiration incertaine à travers des lèvres et un pif disloqués.

Sa Majesté sort ses menottes et lui passe un bracelet.

— Couche-toi près de lui, salope ! enjoint-il à l'épouse terrorisée.

Elle obtempère. Le Ventripoté passe la chaîne de la menotte entre le pied et le montant de la table basse en bois mastoc, puis fixe la seconde boucle au poignet de Laura Manzardin.

Cela fait, il va fureter dans une desserte, trouve une bouteille de Campari à demi pleine et se laisse quimper sur le canapé. Large rasade du rouge liquide amer. Sa gueule n'est plus racontable, Béru. Au salon des accidents de la route, son stand ferait sensation !

— L'est pas manchot, l'gredin, admet-il en désignant Louis du menton. On sent qu'il a pas appris la tabasse dans les pages roses du dictionnaire.

S'entifle une nouvelle lampée.

— Toujours est-il qu'ça va y coûter un max voies de fête sur un officier de police...

Pendant qu'il se réconforte, buvant du Campari et remâchant des rancœurs, j'explore la maison. Attenant au livinge, se trouve une petite pièce baptisée

« Bureau » contenant les fiches et autres pedigrees de tous les cadors du couple. Farfouillant dans les tiroirs avec cette dextérité consommée du poulet en action, je déniche un carnet d'adresses. Ces petits répertoires sont la clé de voûte de nos enquêtes, le gros lot de nos perquises. Une exploration domiciliaire démarre toujours par la main basse sur ces opuscules plus ou moins déplumés et malmenés par de fréquentes manipulations. Assis à la petite table de bois blanc, je compulse le carnet, commençant par la lettre « A » et ne perdant pas une broque de son contenu jusqu'à un certain Zydkine qui clôt la liste.

Après quoi, je rejoins le trio. P'tit Louis est revenu de ses torpeurs cloaqueuses. Il est vachement glauque, je trouve, et sa Ninette maigrichonne a un aspect « Fleur de Misère » qui attendrirait un maquignon.

— On va parler sérieusement, à présent, dis-je en me mettant à califourchon sur une chaise, face à eux. Dis donc, Manzardin, la belle-sœur, vous êtes pas tellement en froid puisqu'elle vous rend visite sans crier gare, au milieu de la nuit ?

Le couple ne parle pas. Laura a les cils qui palpitent, mais son julot garde une impassibilité de dur. Sa façon de nous exprimer l'à quel point il nous pisse à la raie.

— Quant à vous, ma chère, continue-je, m'adressant à la môme Crevette, vous saviez donc que votre frangine courait un danger puisque vous lui avez hurlé « Va-t'en ! Va-t'en, la police ! »

Elle détourne les yeux et reste silencieuse.

— Réponse ? insisté-je.

C'est toujours le mutisme.

— Je pense sérieusement que vous venez de foutre les pieds dans une merde qui n'est pas encore décollée de vos godasses, les deux !

Là-dessus, je retourne au bureau pour téléphoner aux autorités compétentes, leur signaler que la R 5 rouge dont ils possèdent le matricule désormais se trouvait, il y a dix minutes dans la région de Neauphle-le-Château. J'aurais dû commencer par là, mais j'ignore pourquoi j'ai hésité à le faire. Si je cherche bien, je pense que dans mon sub, j'ai décidé d'alpaguer l'ogresse moi-même. C'est vraiment la notion du devoir qui me fait lâcher prise.

Je tube ensuite à la concierge de la rue de Rennes et c'est la gentille Mme Bonatout qui répond.

— Commissaire San-Antonio. Allez dire à l'officier de police Pinaud qui doit se trouver encore au sixième qu'il vienne me parler, j'attends.

Elle est dans tous ses états, l'Yvette. « Que vous parlez d'une aventure, madame Macherut ! Si on se serait attendu… La police, nous qu'on en fait partie ! Quelle nuit infernale, ma pauvre ! Mon époux, gazé comme un poilu de quatorze ! »

Je rêvasse. Des trucs défilent dans ma caboche. Intéressants, comme toujours. J'ai la songerie plutôt positive, ma pomme. Y a toujours des éléments concrets dans les nuages que je visite.

L'organe asthmatique de la Pine. Il est naze à bloc, l'Ancêtre. Fossilisé de la coiffe autant que du reste.

Il attaque :

— Je sais bien que je me suis sans doute un peu pressé d'appuyer sur cette gâchette, mais, compte tenu de…

— Moule-moi, Fossile. J'ai besoin de toi dans les grandes banlieues. Fais-toi conduire d'urgence à Mériflour-le-Bas, près de Neauphle-le-Château. Tu apercevras ma bagnole stationnée sur la place de l'Eglise. Face à elle, il y a une ruelle, prends-la jusqu'au bout. Chenil du Grand Lavoir, je t'y attends. Si tu n'es pas ici avant une demi-heure, je te pisserai dessus.

Je raccroche et sors pour aller rendre visite aux bergers allemands qui continuent d'aboyer, troublés qu'ils sont par notre présence policière.

Le chenil, on sent que c'est l'œuvre de sa vie, Manzardin. Dans un local où il entreprose la bouffe pour ses ogres, les murs sont tapissés de certificats, de concours canins, de diplômes de dressage, tout ça…

Des cages couvertes partent en étoile de ce local, un peu comme les différents quartiers d'une prison. D'ailleurs n'en est-ce point une ? Des travées les longent et, derrière de solides grilles, les clébards fous furax mènent une bacchanale du diable, se jetant contre les barreaux avec des gueules béantes, toutes étincelantes de vilains crocs, et des yeux sulfureux.

Je les passe brièvement en revue. Heureusement pour les habitants de Mériflour-le-Bas que le chenil est à l'écart du pays, sinon ils auraient du mal à roupiller. Je reviens dans le local de distribution. Une grosse balance, des sacs de bio mille, une énorme broyeuse à viande qui pue un peu la charogne bien qu'elle soit impeccablement nettoyée, un congélateur dans lequel sont entreposés des bacs de zinc contenant des tronçons de bidoche dernier choix…

A nouveau je m'arrête de fonctionner pour réfléchir.

Le cul sur un sac, je chope ma tête pensante dans mes deux mains de pianiste-manutentionnaire et j'attends. Faut dire que la fatigue pèse lourd. Des envies de plumard me hantent fâcheusement.

Mon regard fait du morse. Hé ! dis, je vais pas me mettre à roupiller comme un malpropre au milieu de ce vacarme de clebs en folie !

Alors je me lève. Dans le mouvement, j'avise un éclat brillant au sol. Je vais m'informer et cueille une petite chose brillante, tout écrasée. Cela forme une boulette grosse comme la tête d'un clou. Y a du cuivre, des éclats de verre ; difficile à déterminer comme origine. Je place la chose dans un compartiment de mon porte-cartes. Pourquoi ai-je le sentiment que ma trouvaille est importante ? A voir !

Je reviens au living.

Bérurier a achevé la boutanche et somnole. Louis tente, mine de rien, de faire passer sa souris maigre entre le pied et l'entretoise de la table.

A mon arrivée, ils s'immobilisent.

— Inutile d'insister, leur dis-je. Si vous aviez un peu de recul, vous comprendriez qu'il n'y a pas la place.

Pourtant, par mesure de précaution, j'emprisonne le poignet libre de Manzardin avec ma paire de poucettes à moi, et fixe l'autre, très classiquement, au tuyau du chauffage central. Cela se fait depuis que le chauffage central existe dans les deux hémisphères et sur les cinq continents, parce que c'est là une recette simple et pratique, donc irremplaçable. Et j'ai beau être un auteur soucieux d'originalité, je vois mal pourquoi j'irais me crever le cul à inventer autre chose puisqu'il n'y a pas mieux.

J'éteins et m'allonge sur le canapé pour tenter d'en écraser. Au bout d'un moment, le couple se met à chuchoter.

— Vos gueules ! leur dis-je. Vous parlerez plus tard.

Et je bascule dans la dorme pendant trente-cinq minutes environ, sans toutefois perdre totalement la notion des choses.

Un bruit de voiture m'arrache. Me voici sur mes pattounes. C'est Pinuchet qui se présente, branlant, fumassant, chassieux. Je lui vais au-devant et l'introduis au salon. Lui, jamais étonné, enjambe les Manzardin et va s'asseoir devant la table.

— Tu sais que pour cette affaire de soporifique, Sana, je…

— Arrête de me les briser avec tes bévues de gâteux, César. On n'en parle plus.

Satisfait, il opine.

— J'ai un boulot peinard à te confier. Tu vois ces messieurs-dames, à terre ?

— Eh bien ?

— Ton boulot consiste à les surveiller. Tu ne leur donnes rien à boire ni à manger, non plus qu'aux cinquante clébards occupant les cages du chenil. S'ils te demandent pour pisser ou le reste, tu les laisses faire dans leurs frocs. Ils sont respectivement la sœur et le beau-frère de la femme que nous recherchons. Quand ils te diront ce qu'ils maquillaient avec elle, tu me préviendras par téléphone, tu as toutes mes coordonnées, y compris celles de ma voiture ?

— Oui, naturellement.

— Bravo. S'il y a des appels téléphoniques, tu réponds que tu es un employé et que M. et Mme Manzardin sont partis à des funérailles. S'il y a des visites, tu accueilles les arrivants et tu les vires avec le même motif. Au cas où quelqu'un insisterait, tu lui montres ta carte de flic. Si ces gens se mettent à hurler, je te laisse une bombinette de soporifique, maintenant que tu es passé maître anesthésiste, c'est de la routine pour toi. T'as tout pigé ?

— Tout ! sermente le noble vieillard.

— Parfait. Naturellement, toi tu vis ta vie ici. Tu te fais du café, des œufs sur le plat s'il y en a. T'es chez toi, mon vieux nœud.

Là, le Louis, il l'a à la caille.

— Ce que vous faites est illégal ! s'exclame-t-il.

— Tout à fait illégal, je conviens.

— Je veux un avocat !

— T'en auras un aux assises, grand, promis !

Alors là, ça lui cloue le bec.

Il glapatouille un peu, genre sourd-muet expliquant sa route à un aveugle.

Puis, reprend, mais sans passion :

— Je n'ai rien à me reprocher, je ne suis pour rien dans les agissements de ma belle-sœur. Si ma femme a cru qu'elle était menacée, c'est pas une raison pour…

Il se tait car Béru vient de lui tirer un nouveau penalty dans la théière.

Affalé dans mon burlingue, c'est Béru qui, cette fois, en écrase. Il dort à plat ventre sur le canapé « dégriffé » dont les crins sourdent d'un peu partout, comme l'eau dans un sous-marin salvadorien. Ses cris nocturnes emplissent tout le premier étage. Tu te croirais de nuit dans un zoo. Il y a bien sûr des ronflements, puis des amorces de barrissements, des espèces de glapissements, des blatérations, des feulements avortés, des fouissements, des pets inconscients, nés solitaires du cloaque intestinal de Béru. Il est si organique, le Puissant, que, dans la léthargie momentanée du sommeil, son pauvre cher énorme corps continue un travail interne de volcan faussement assoupi, prêt à cracher, d'un instant à l'autre, lave et merde, gaz pestilentiels et nuées ardentes.

Et moi, stoïque, bien réveillé par l'action, tendu comme Jeanne d'Arc, de me livrer, dans la lumière administrative de ma lampe de bureau à un travail d'horloger, minutieux. Porté par l'instinct, la foi en ma réussite, en mon esprit de déduction…

Naguère je dormais, et Bérurier se trouvait là, explorant les papiers puis, soudain, m'aboyant que nous devions courir sus à ce chenil. Et il avait raison. Maintenant, inversion des rôles, c'est bébé Cadum qui récupère et moi qui m'acharne sur des indices.

Il arrive que l'épuisement, au lieu d'annihiler les facultés, les stimule. Une aurore majestueuse illumine ma nuit. J'agis, mû par une certitude absolue, comme si mes gestes les plus légers m'étaient dictés par une intelligence étrangère à la mienne, mais qui la supplée admirablement.

Armé d'une petite pince d'électricien, je m'efforce de retrouver la forme initiale du minuscule objet brillant que j'ai découvert dans le chenil de Manzardin. De la pointe de l'outil, je cueille un méplat et l'arrondis. Puis je saisis une tige et la détortille, et tout à l'avenant. Peu à peu cela prend « corps » si je puis dire. Je parviens à définir l'objet, sinon à le réintégrer totalement dans son aspect premier. Maintenant, me faut une loupe. Second tiroir à droite. Je me penche, je confronte, je mouille.

Tout s'enchaîne.

Maintenant, seconde partie de mes investigations : les deux carnets d'adresses.

Je les place côte à côte, les lis nom après nom.

Je file ainsi jusqu'au bout, plus rapidement que je ne l'avais estimé. Referme ces deux opuscules.

Suis bien, complet. Presque heureux. C'est beau, la gamberge. Aie du cœur et du chou, et t'accèdes au top niveau. T'es paré pour les grandes manœuvres de l'existence. Sans doute que tu te fais davantage tarter que les cons incompatissants, mais t'as de la différence entre les oreilles, entre les jambes, entre les lignes, les mains, les mots, les poches, les parenthèses, les testicules.

Il me faut immédiatement faire part à quelqu'un de mes trouvailles. N'ai que Bérurier et le brigadier Poilala sous la main. Béru dort, le brigadier n'est au courant de rien. Ils sont aussi cons l'un que l'autre, toutefois Béru possède, lui, le sens de l'enquête.

Donc, va pour le Gros.

— Alexandre-Benoît !

Il balance un jet de vapeur par le nord, puis un autre par le sud, émet un long râle d'agonisant parvenu à son butoir, fait avec sa bouche le bruit d'une fermière d'autrefois confectionnant son beurre à l'aide d'une baratte, lance un cri de Sioux souffrant d'une angine phlegmoneuse, après quoi il soulève des paupières en croco véritable pour exhiber les deux énormes rubis qui lui servent à regarder l'univers.

De nouveau, il agite d'obscures mucosités dans son clapoir en fond de cage à perroquet.

Lentement, une espèce de lueur, qui est peut-être d'entendement, lui monte à la surface. Je laisse s'épandre l'aube sur cette face pour vitrine de charcuterie.

— On est arrivés ? grommelle-t-il.

— La prochaine station, réponds-je.

— J'ai failli m'endormir, avoue le Pesant.

— Fais tout de même comme si tu te réveillais.

— Y a du café ?

— Non.

— Y a quoi ?

— De l'eau au robinet du lavabo.

Il me feule un rot qui plaque ma cravate contre ma poitrine.

— Tézigue, les conneries, c'est à toute heure, hein ? ronchonne l'espèce de. Bon, où en sommes-t-on ?

— T'as entendu parler de Sherlock Holmes ?

— C'est l'héros d'Agrappa Christine ?

— Presque. Figure-toi que je lui fais la pige.

— Envoie-toi pas, reste avec nous, on fera un billard.

— Tes idées sont nettes ?

— Elles l'seraient plus davantage si j'pouvais m'enquiller un rhum-limonade : trois tiers rhum, un quart limonade… Demande à Poilala, y doit dénicher ça dans son placard ; s'il aurait pas la limonade, j'm'en passerais.

Je souscris à sa requête. Effectivement, Poilala possède « ça ». Il apporte sans tarder un verre ignoblement souillé par une foultitude de breuvages et de lèvres.

Béru vide la mixture brune cul sec.

— Fameux, dit-il.

Le brigadier explique que son beau-frère travaille aux Antilles dans une distillerie et lui en apporte quelques bonbonnes à chacun de ses voyages annuels. Nous le félicitons d'une telle parenté et je le congédie d'un « merci, à bientôt » sans réplique.

Le Gros tombe son bénouze, histoire de remettre ses burnes en place selon une ordonnance éprouvée. Il m'explique que lui, les couilles déplacées, et il peut pas fonctionner.

J'attends patiemment qu'il ait achevé son petit ménage intime. La chose étant réglée, il s'assied (que je préfère à il s'assoit) face à moi au bureau.

— J'ouïs, déclare l'Immense.

Je pousse vers lui le petit objet brillant que j'ai retripatouillé de mon mieux.

— Tu sais'ce que c'est que ça, Gros ?

Il se penche.

— Ben, une bouc' d'oreille, non ?

— Exact. Regarde-la à travers cette loupe.

Il s'exécute puis, indécis, murmure :

— C'est toujours la même, mais en plus gros, non ?

Faut de la patience avec sa pomme. Pas craindre de marcher dans le fumier et la sottise. Moyennant quoi, t'arrives à du positif.

— Maintenant, regarde cette photo d'un des garçonnets disparus.

L'Arrondi étudie le cliché et s'égosille :

— Merde ! Le môme porte la même bouc' d'oreille !

— Non pas *la même, celle-là,* Gros !

— Et où est-ce t'as trouvé la bouc' ?

— Dans le chenil de Manzardin.

— Sans charre !

— Textuel.

— Et t'en conclusionnes quoi-ce ?

Je pousse un gros soupir et me voile les yeux de la main.

— C'est tellement abominable que d'en parler me semble une monstruosité, mon pauvre Alexandre-Benoît.

— Faut pas avoir peur des mots, Tonio, seul'ment des gensss.

Comme il dit vrai, le bon obèse. Quelle sagesse se cache en ce tas de saindoux ! (Merde, un alexandrin ; je l'ai pas fait exprès.)

— Ce que je pense, mon vieux pote, ce que je crains, c'est que les restes des garçonnets martyrisés n'aient fini au Chenil du Vieux Lavoir. Il y a une énorme broyeuse à viande, là-bas. Cette petite boucle d'oreille a dû passer dedans et j'ai eu beaucoup de mal à lui redonner forme.

Le Mastar se dresse à demi.

— Tu croyes que ces salauds f'raient bouffer les cadav' par leurs clébards ?

— J'en suis hélas convaincu.

— Mais qu'est-ce qui t'a mis le pucelage à l'oreille, Sana ?

— Le fait que Blérot figure sur le carnet d'adresses des Manzardin. Il ne faut pas que l'affreux para vienne nous raconter qu'il ne fréquente pas sa belle-sœur puisqu'il connaît ses amis de messes noires !

— Bon, alors on y retourne et je te garantis qu'ils vont cracher la vérité, ces deux infec'.

— Moment, mec !

— Quoi, moment ? Je vais l'massacrer jusqu'à c'qu'y s'affale, ce fumier, y n'mérite pas d'viv'.

— Pour l'instant, il est neutralisé et à dispose. Auparavant, il faut que nous mettions la main sur sa belle-sœur.

— T'aurais une piste à suiv' ?

— *Yes*, monsieur. Toujours grâce à ces fameux carnets d'adresses.

— C't-à-dire ?

— Ce qui est intéressant, c'est les noms et adresses que nous trouvons également sur les deux. Par exemple, dans le carnet de la fille Mahékian, il y a le numéro de Blérot. Or, Blérot figure aussi sur le carnet des Manzardin. Imagine-toi, mon vieux tirlipoteur, que j'en ai déniché un second qui est commun à l'un et à l'autre.

Je lui tends une fiche où j'ai griffonné : « Docteur Skinézi. *Le Val Chanté*, Menuet-le-Roi, Yvelines. »

— Tu crois que… ?

— Je ne crois rien, je m'attends à tout. Il se peut que ce soit un toubib qu'aient eu les deux sœurs, par exemple. Ou bien, une simple relation familiale… Mais tu es d'accord qu'il faut voir, non ?

Oui : il est d'accord. Le contraire m'aurait surpris.

Rien, en Yvelines, ne ressemble davantage à un village qu'un autre. Partout c'est la même église, les mêmes maisons de pierres apparentes, ex-métairies aménagées en résidences secondaires. La même auberge recouverte de lierre ou d'ampelopsis. Le même bistrot. La même bascule publique. La même école.

A l'entrée de Menuet-le-Roi, un panneau signalisateur nous indique la direction du *Val Chanté*, maison de repos pour personnes âgées.

Nous l'empruntons jusqu'à la grille rébarbative qui en interdit l'accès, de nuit. Un interminable mur torturé par des plantes grimpantes au point que la nature a peu à peu gain de cause et que ce sont les briques qui cèdent à sa poussée profonde.

Une maisonnette de gardien, près du lourd portail. Dans le fond, au sommet d'une pelouse en pente, se trouve un ancien château du dix-neuvième transformé en établissement paramédical. On distingue des lumières bleutées dans les zones de circulation, mais la clinique ou assimilée est absolument silencieuse, et comme inerte dans le clair de lune somptueux (le même que celui de Mériflour-le-Bas, pourtant distant d'une trentaine de kilomètres).

— Et maintenant, que vais-je faire ? bécaude le Gros, de cette voix de fausset qui contribue tant aux giboulées de mars et qu'il appelle lui-même une voix de faussaire.

Question épineuse. L'endroit est si intensément paisible que l'on hésite à y porter la vérole.

Je m'abstiens de lui répondre, étant perdu dans l'océan des incertitudes. Comme toujours, le hasard tranche pour moi. Enfin, quand je dis « comme toujours », j'entends : « comme souvent ». Voire simplement : « comme parfois ».

Une loupiote se met à cracher dans la maisonnette

flanquant l'entrée. Puis une fenêtre s'ouvre. J'entends une vieille dame grommeler :

— Mais il est chiant ce con. Puisque je te dis qu'a personne, Ernest, bordel !

Le con chiant riposte :

— Je t'assure, mémé, que j'ai entendu s'arrêter une auto !

Mémé continue ses regimbances :

— C't'enfoiré, il rêve et y croye que c'est la réalité ! Espèce d'enculé de sa mère, putain !

L'enfoiré se fenestre et lance dans le calme de la nuit :

— Il y a quelqu'un ?

Je déponne ma portière.

— Oui, monsieur Ernest, fais-je, il y a nous, c'est-à-dire deux officiers de police !

— Ah ! je savais bien ! triomphe le concierge. Tu vois, mémé, qu'a quéqu'un. La police !

Mémé, comme virago, tu trouveras jamais pire. Elle aboie depuis sa couche que je suppose matrimoniale, à moins qu'elle ne soit concubinaire :

— Et qu'est-ce y viennent nous casser les couilles au milieu d'la nuit, ces enviandés de poulets. Je voudrais qu'ils crèvent la gueule ouverte, ces salauds !

— Chaque chose en son temps, chère mémé ! lui crié-je. Auparavant, nous aimerions parler à Ernest.

— Je viens, messieurs ! promet l'urbain gardien qui, la preuve en est, ne dort que d'une oreille, comme dit Béru.

Effectivement, il donne peu après la lumière extérieure et se montre à nous au-delà des grilles. Délicieux personnage, minuscule, presque chauve avec toutefois une couronne de cheveux blancs. Il porte une liquette qui doit lui tenir lieu de pyjama, et a passé un pantalon de velours à grosses côtes, râpé à l'emplacement des genoux. Ses bretelles lui battent les talons comme il se doit et il se traîne à l'intérieur de grosses charentaises en haillons.

Avec difficulté, il entrebâille le portail et nous prie d'entrer. Nous pénétrons dans une espèce de guitoune de garde-barrière qui pue l'aigre et où s'empile un capharnaüm tellement indescriptible que je vais pas me faire chier la bite à tenter de te le décrire. Le clapier est divisé en deux parties. Une espèce de cuisine-séjour au premier plan, puis une partie chambre à coucher séparée de la première par un grand rideau coulissant sur un fil de fer mal tendu.

L'homme peut avoir quatre-vingts balais. La vache que nous distinguons très confusément dans le lit doit vadrouiller dans ces eaux-là. On aperçoit sa tronche par-dessus l'édredon, et ça fait hautement cauchemar à la Jérôme Bosch. Elle est grise, creusée de rides noirâtres, avec des tifs d'un blanc de loulou de Poméranie pas lavé, hirsutes. Plus des yeux hallucinés et une bouche comme celles des gargouilles de Notre-Dame-de-Pantruche. La vraie vision d'apocalypse ! Tu mords un peu le portrait ?

— Mon épouse est paralysée, annonce Ernest, peut-être pour justifier le fait que sa vieille rombiasse mal embouchée reste au plume. Et qu'est-ce qui vous amène, messieurs ?

— Quelqu'un est-il venu ici, il y a environ une heure ? questionné-je à brûle-machin.

Le petit vieillard paraît secoué.

— Quelqu'un ? Non. Personne. Qui donc aurait dû venir ?

— Vous êtes certain que personne n'est entré au *Val Chanté* cette nuit ?

— Mais oui, je suis sûr. Il y a eu Mme Longitude, l'infirmière-chef, à onze heures parce qu'elle a été voir sa fille à Versailles, mais depuis elle, personne.

— Réfléchissez bien !

Depuis sa couche de misère, la mémé monte au renaud vilain :

— Vous allez pas lui briser les roupettes jusqu'à la Saint-Trou, vérole de Dieu ! Puisqu'y vous dit que personne est venu, charogne !

— Calme-toi, mémé, conjure l'octogénaire.

A la dérobée, il se vrille la tempe de son index, nous signaler que la mémé, c'est pas seulement ses cannes qui sont fanées, mais que, côté méninges, y aurait comme un mauvais calfatage. Il nous chuchote que, n'est-ce pas, jadis, ils tenaient un manège forain, sa vieille et lui. Une loterie. La grande roue qui glinglintait. Elle faisait l'aboyeuse, mémé. Il lui en est resté de la gouaille, du malembouchage, fatal. La vie sur les champs de foire et dans les petits bistrots du matin froid, vous savez ce qu'il en est, messieurs ?

Bon, nous on s'en branle qu'elle rogne à tout-va, sa princesse, et qu'elle nous traite de ceci, cela, on a un peu l'habitude, nous autres, roycos. C'est notre sort de provoquer les malséances. On se rattrape en leur bourrant la gueule, temps en temps. La vapeur qui nous échappe. La belle gorgone du vieux garde peut vitupérer à s'en fêler les vocales, on s'en oint l'oigne !

— Non, non, parole d'homme, il est venu personne, déclare-t-il. Et, vous l'avez vu, j'ai l'oreille fine.

— Mais qu'est-ce t'as à leur pleurer dans le gilet à ces deux gorets, saucisse ! pousse la Carabosse depuis sa couche libidineuse.

— Le docteur Skinézi n'habite pas ici ? j'imperturbe.

— Non.

— Où demeure-t-il ?

— Dans une villa, sur la route de Vazimou-le-Grand, à trois kilomètres d'ici.

— Il est marié ?

Le bon-gnome hausse les épaules.

— Non, mais il vit avec une personne. Une dame plus âgée que lui ; très bien d'ailleurs.

— Sa mère ?

— Heu, je ne pense pas. Non, elle n'est pas assez vieille pour être sa mère.

Je sors la photo de la Mahékian et la lui montre.

— Vous connaissez cette femme ?

Il va chausser ses lunettes : besicles de grand-père, ovales, fêlées, à monture de fer. Sa main tremble pour tenir l'image. Il l'éloigne de soi, preuve qu'il aurait besoin de retourner se faire contrôler les carreaux chez les Lissac's brothers. Puis il opine :

— Oui, elle vient rendre visite au docteur quelquefois !

La houri du plumard repart à dame :

— Qu'est-ce y déconne, l'apôtre ! N'importe quoi pour se rendre intéressant, ce vieux trou de balle plein de poils ! Il reconnaîtrait pas sa propre fille si elle poussait cette porte, vérole humaine !

— Il y a beaucoup de pensionnaires au *Val Chanté*, monsieur Ernest ?

Il hoche sa tête chenue.

— Pas des masses. Une quarantaine. C'est un endroit huppé, comprenez-vous !

— Vous les connaissez tous ?

— Naturellement. Je fais leurs petites commissions au village quand ils ont besoin de bricoles, vous savez ce que c'est.

— Parmi ces vieilles gens, y aurait-il un certain monsieur Blérot ?

Il opine.

— Oui, oui. C'est l'un des plus anciens. Il n'a pas toute sa tête…

La sorcière glapit :

— Et toi, tête de nœud enfoutraillée, tu l'as toute ta tête ? Y serait même pas foutu de vous dire quel jour de la semaine tombe Pâques ! Ce connard pisse au lit et y se permet de juger les autres !

Bérurier qui se tient coi, attentif à mon interro ne peut se retenir d'interviendre. Il émet un sifflement admiratif.

— Chapeau, ça s'emboîte bien ton historiette, Sana. T'laisses rien traîner, tézigue. La chaîne du bonheur.

Je croise les pans de mon imper.

— Nous allons vous laisser reposer, monsieur Ernest, je dis courtoisement ; merci mille fois de votre obligeance.

La vioque s'étrangle.

— Nous laisser se reposer, maintenant qui nous ont bien fait chier, bien réveillés complètement, ces poulets de malheur ! Tu leur craches pas à la gueule, Ernest, de te laisser dire ça ?

Le petit bonhomme nous escorte sans piper jusqu'à la monumentale grille.

— Est-il indiscret de vous demander ce qui se passe, messieurs ?

Je lui calme la curiosité, c'est la moindre des choses. Pas le laisser « broder » dans son plumard au côté de son dragon fêlé.

— La femme dont je vous ai montré la photo serait une dangereuse criminelle et nous enquêtons dans tous les endroits où elle a l'habitude de se rendre.

— Une criminelle ! Qu'est-ce qu'elle a fait ?

— Vous lirez les détails dans votre journal, tout à l'heure. Salut !

FAIS PAS DANS TON FROC !

Il habite pas une villa, mais une sorte de hameau, le docteur Skinézi. Un agglomérat de constructions disparates, dont certaines sont anciennes et retapées, et d'autres neuves et fonctionnelles. Le tout est enchevêtré, se convulse, se joint, se sépare, se grimpe dessus de manière quasi surréaliste. Pour démêler sa crèche personnelle, c'est plutôt coton. Faut procéder par « illumination » comme le préconise Mister Dodu. Négliger les taules sur lesquelles il est placardé des avis tels que « Laboratoire, accès interdit », ou bien « Bureaux », voire encore « Entrepôt pharmaceutique » ou « Salles de radiographie ». De cet agencement, je conclus que le docteur n'a pas de cabinet privé et qu'il exerce une double activité : il dirige la clinique gériatrique du *Val Chanté* et il se livre à des travaux de recherches. Nulle plaque n'indique qu'il donne des consultations ailleurs qu'à la maison de repos.

Après de longues fouinasseries, nous découvrons ses appartements. Ceux-ci sont aménagés dans une ancienne grange où, comme ailleurs, les pierres apparentes et les faux colombages de bois brun nous rappellent que nous nous trouvons dans la banlieue ouest de Paris.

Attenante à son habitation, et dans un appentis de l'ancienne grange, se trouve un garage moderne pour deux voitures. La porte en est ouverte et aucun véhicule ne s'y trouve pour l'instant, ce qui me fait mal « inaugurer » du succès de notre visite, toujours selon le cher Mastar.

Je sonne avec la certitude que personne ne me répondra. Et personne ne nous répond.

— On fait chou-rave, grommelle mon coéquipier bien-aimé.

— Chou blanc ! rectifié-je, agacé.

Qu'à force de l'entendre estropier chaque mot du vocabulaire, il me file le tournis, et que je me demande si la fabuleuse langue française n'est pas devenue une espèce de hachis Parmentier.

Il rouscaille :

— C'est pas blanc, p't-êt', un chou-rave ? J'vais te dire une chose : souvent, c'est plus blanc qu'un chou blanc, car j'ai eu vu des choux blancs qu'étaient verts, malin !

Satisfait, il ramasse dans ses profondeurs et expectore. Un glave triple zéro va s'accrocher à une branche de pêcher où il festonne dans le clair de lune.

— Ça t'démange, hein ? reprend le bulldozer des familles.

— Qu'est-ce qui me démange ?

— T'as envie d'entrer dans la carrée, mon pote, j't'connais.

— Pas dans la carrée, dans le labo.

— Eh ben, qu'est-ce tu t'gênes, Eugène ?

— Les habitants d'ici vont revenir.

— Qu'est-ce y t'le prouve ?

Je me tapote le blair.

— Ça, mon pote. Et ce soir, il est branché sur le courant à haute tension, fais confiance. Je fonctionne dans l'occulte, quasiment. Les choses, je ne les subodore pas : je les vois. T'en as eu un aperçu à l'instant lorsque j'ai demandé au vieux concierge si le père Blérot se trouvait dans sa foutue clinique.

— Bon, alors en c'moment, qu'est-ce tu voyes, cher m'sieur Soleil ?

— Un grand philosophe nommé Alexandre-Benoît Bérurier m'a dit un jour que le cercle c'était pas autre chose qu'un carré qu'on avait arrondi.

— Bédame, si t'y réfléchis ? se pavane le penseur.

— Justement : j'y réfléchis, gars. Cette affaire au départ, c'est un carré. Dans chacun des quatre angles il y a : René-Louis Blérot, puis Catherine Mahékian, ensuite les Manzardin et pour finir le docteur Skinézi. Je suis en train d'arrondir ce carré, Béru. Je suis en train d'en faire un cercle… Tout communique. Tout se met à tourner rond.

Il soulève son chapeau pour se gratter le front, s'empresse ensuite de le rabattre.

— Si tu voudrais bien éclairer ma loupiote, mon drôlet, y finit pas s'faire tard et j'ai la comprenette qui fait des bulles.

— Par le plus grand des hasards et grâce à mon petit Toinet, j'alpague Blérot. Sachant ce qu'on va découvrir chez lui, il se tue. La Mahékian veut se mettre en rapport avec lui, s'aperçoit qu'on a tendu une souricière et investi son appartement ; alors elle prend peur et fonce demander aide et assistance à sa sœur et à son beauf. Hélas pour elle, nous y sommes déjà. Elle fuit. Ne lui reste plus qu'une solution : le docteur Skinézi. Elle se pointe ici. Mais le toubib se dit que si ça pue à ce point le roussi, il ne peut la garder et il l'emmène ailleurs. Et en ce moment, il se trouve à cet ailleurs en question, avec la salope et sa compagne. Mais il va rentrer. Tout dépend de la distance qui sépare l'ailleurs d'ici. Me suis-je-t-il bien fait comprendre ?

— Au poil de cul, mon pote.

— Alors voilà ce que nous allons faire. Tu prends ma tire et tu vas la placarder dans les environs, avant toute chose. Pendant ce temps, je vais essayer de visiter le laboratoire. Toi tu reviendras en te planquant de ton mieux et tu feras le pet.

— J'ai des dons, rigole l'Infamure.

— J'entendais le guet, rectifié-je.

— J'avais compris, c'tait juste une boutarde que j'ai l'secret, mec.

— Sitôt que tu aviseras des phares sur le chemin, tu me préviendras.

— Comment-ce ?

— Un grand coup de sifflet suffira. Et ta pomme, tu resteras planqué derrière ce buisson de philodendrons.

— Gi go ! Mais puis-je-t-il me permett'de t'signaler une bricole, mon nagneau ?

— Si ça dure moins de quinze secondes, vas-y.

— Poète comme t'es, tu l'auras pas remarqué : c'est truffé d'signals d'alarme ici.

Il me biche par le bras et me désigne certaines

petites plaquettes d'aspect innocent fichées dans l'encadrement des portes et des fenêtres.

— Si tu bricoles de trop les serrures, t'auras droit au grand air du *Barbier de Sartrouville,* mon pote, j'te prédis.

— Merci de ta perspicacité, je murmure. Je devrais donc renoncer, et pourtant, plus l'opération semble périlleuse, plus elle m'excite.

— Parce que t'es viceloque dans l'âme. Ta pomme, l'danger te fait goder. Où y a pas d'rixque, y a pas d'plaisir.

Un banc romantique, taillé dans un vénérable tronc d'arbre, fait de l'œil à mon cul. Je le lui confie. Ouf ! Putain, après tout ce circus, je vais rentrer me zoner pour quarante-huit plombes au moins ! Remarque, je dis ça chaque fois que je suis crevé, et puis après quelques heures de ronflette, je retourne dans la mêlée, que si des fois on marquait un essai sans moi !

— Ce système de sécurité concerne l'ensemble des bâtiments, me récité-je en vers libres, mais la commande générale doit se trouver, selon toute logique, dans la maison d'habitation. La plupart de ces engins se mettent à fonctionner après un délai d'une minute, pour laisser le temps au propriétaire de sortir, puis de rentrer chez lui, sans déclencher le patacaisse.

— Moui, corrèque, approuve le Gros qui suit mon numéro de trapéziste de l'esprit avec une réelle concentration.

La preuve en est qu'il libère une louise timide de jouvencelle s'ébattant dans le printemps.

Nullement distrait par ce tendre solo, je poursuis :

— Le commutateur de ces appareils d'alarme se

trouve généralement non loin de la porte. Si je parviens à ouvrir ladite, à repérer la centrale et à la débrancher en moins d'une minute, j'ai gagné ; sinon il faudra changer son fusil des pôles.

J'extirpe mon sésame. M'approche de la serrure pour l'étudier à tête entreposée (Béru dixit). A vrai dire, il y a deux serrures. Mettons quinze secondes pour chacune. Ensuite quinze secondes pour trouver le bloc de la centrale ; quinze autres pour découvrir la manière dont on la neutralise…

— C'est serré, objecte le Gravissimo. Si t'as b'soin d'te gratter les burnes, gratte-les-toi avant, sinon t'auras plus l'temps ensuite.

— Les cas désespérés sont les cas les plus beaux, lui fais-je. Sitôt que je te dirai go, tu compteras à haute voix les secondes, façon artificiers : en disant zéro, zéro, un ; zéro, zéro, deux, etc.

Je m'agenouille devant la lourde, le sésame au bord de l'orifice.

Go !

— Zéro, zéro, un ! fait Béru. Zéro, zéro, deux. Et ensuite, faut que je continue comme ça jusqu'à la saint trou de balle ?

Le con ! L'énorme et fantastique con ! Le suprême con ! Le con poussé jusque dans l'arrière-salle du cosmos !

— Ta gueule !

Ma rogne doit fumer car il la boucle. Me reste plus qu'à me jeter, éperdument, dans l'opération. J'œuvre comme un fou. Et alors, oui, alors se passe une chose qui ne s'était encore *jamais produite* dans ma garcerie de carrière. Une chose inouïe ! Désastreuse ! Archimerdique. Mon sésame se brise dans la serrure. Je n'imaginais pas qu'un tel incident puisse avoir lieu, eh ben, tu vois : si !

Cassé net, qu'à peine un millimètre sort de la fente. Impossible de le récupérer. Tout est foutu.

Je reste foudroyé, l'autre tronçon de l'outil entre les doigts.

— Problo, mec ? s'inquiète le Phénoménal.

Je lui montre mon manche de fourchette à escarguinches, dérisoire.

— T'l'as brisé ?

Acquiescement de l'artiste.

— C'est la mocheté de béchamel, non ?

Je me mets à compter selon les recommandations faites au Mahousse. Je parviens jusqu'à zéro, zéro, cent et rien ne s'est encore produit. Nous retenons notre souffle dans l'attente d'un cataclysme sonore. La méchante beuglante des sirènes va nous éclater dans les feuilles, bonté divine ! Mais on a beau rester crispés, les sphincters bloqués, le silence de la nuit continue de nous envelopper.

— Tu es certain qu'il s'agit d'une installation de signaux d'alarme ? risqué-je.

— Certain, gars. J'ai z'eu à potasser la question dans une enquête fectuée pendant le cours de tes dernières vacances. Un vol de plans dans une usine d'armement. Y avait le même système, entièrement pareil et identique, pour ne pas dire estrêment semblab'. Tu peux m'faire confiance : j'ai l'œil.

— Alors comment se fait-il que le bouzin ne démarre pas ?

— J'ignore, n'étant pas technichien. P't-êt'que le

bricolage d'la serrure ne coupe pas le contaque et qu'ça patacaisse s'l'ment quand c'est qu'la porte s'ouv' ?

— Probable.

— Bon, alors tu décides quoi-ce, m'sieur l'baron ?

— On attend.

— Et ta tire ?

— Bouge pas.

Je me colle au volant et pilote ma Maserati jusqu'à l'arrière du garage, après avoir traversé imprudemment la pelouse. Une fois là, je manœuvre de manière à lui placer le museau dans le sens de la décarrade. Ainsi serons-nous prêts à foncer, le cas échéançant.

Je laisse la clé de contact au tableau de bord et même les portières ouvertes mais en débranchant le plafonnier qui resterait éclairé, sinon.

— Viens t'asseoir, Werther, l'heure est enchanteresse. Le ciel sera bientôt annonciateur des prémices de l'aube. Reposons nos membres las en vue de nos prochaines prouesses et laissons chanter nos cœurs.

Il couronne mon ode d'une salve digne des grands cassoulets de jadis ; car je suis un auteur avant tout scatologique, ne l'oublie jamais et dis-toi que si mon style ne manque pas d'aisance, c'est à la fosse du même nom qu'il le doit.

T'as déjà vu, à la Maube, des clodos blottis l'un contre l'autre sur une bouche d'aération du métro, pour faire hardes communes ? Fraternels dans l'extrême abandon. Unis par leur renoncement social, presque redevenus animaux ? Eh bien, nous.

Reposant à même le soi cimenteux du garage

ouvert, étendus sur la froide pierre, tel le roi de Thulé. Nous, Béru, moi, enchevêtrés dans des odeurs et des épuisements infinis.

Un froid de pré-aube nous transperce. Je glaglate dans mon sommeil. Et puis je rêve que je suis à bord d'un hélicoptère piloté par une dame patronnesse. Cette conne veut passer entre les câbles d'une ligne à haute tension. On va toucher ! On va exploser et se crasher. Gaffe ! *Achtung !* Je lui hurle de plonger. Elle obtempère, blafarde, un peu dépassée par les événements. Son chignon se dénoue. Elle perd les pédales. On fait du rase-mottes (j'en adore certaines). Alors j'empare les commandes par-dessous ses gros nichons emballés par Scandale. J'évite… Non, j'évite pas. On badaboume ! Je me réveille. Un ronflement de moteur, tout proche. Je me dresse. Des phares se pointent à l'orée de la propriété. Plus le temps de sortir. Par contre je fais rouler sur nous quatre vieux pneus servant de butoirs sur le mur du fond.

L'auto se la radine. Entre. Son ronflement amplifié par le local nous concasse les tympans. Le bruit cesse, les phares s'éteignent. Une portière s'ouvre et claque. Un pas s'éloigne.

Une odeur d'huile chaude. La voiture commence déjà à craquer en refroidissant.

Je risque un regard à travers un pneu. *Nobody.* Alors je me dégage et j'aide le Grasdu à se libérer du pardingue Dunlop que je lui ai confectionné.

Une femme est penchée sur la porte de la maison. Elle fourgonne avec sa clé en maugréant.

— Je pense que vous n'y arriverez pas, fais-je en m'avançant.

Béru, lui, reste en couverture dans le garage. Le somptueux clair de pleine lune dont il a été question dans ce chef-d'œuvre depuis que la nuit y est tombée me découvre une femme de belle allure ; la cinquantaine dûment entretenue. Le corps pris dans un imperméable clair.

Elle a sursauté, s'est plaquée dos à la porte. Ses yeux infiniment bleus lui donnent, dans la pénombre du porche, un regard vide de statue.

— N'ayez pas peur, madame, lui dis-je avec un beau sourire de jeune premier, je suis de la police. Nous avons été alertés par quelqu'un du voisinage qui avait vu une voiture pénétrer dans votre propriété, tous feux éteints et deux hommes suspects en sortir. Lorsque je suis arrivé, il n'y avait plus personne, par contre j'ai constaté que l'on s'était attaqué à la serrure de la porte et que les pseudo-voleurs avaient cassé un outil dedans.

De ma lampe torche stylo je lui montre le bout de mon sésame.

— Vous allez devoir faire venir un serrurier, dis-je.

Elle continue de me regarder. Pas de crainte dans ses prunelles, mais le doute.

Je sors ma carte et, gardant mon pouce sur mon grade et mon nom, la lui montre pour que le mot « police » et le bandeau tricolore accomplissent leur office.

Parbleu, elle le sait bien que je suis un poultock. Ce qu'elle ne croit pas, c'est mon histoire de cambrioleurs signalés par un voisin ! Là, c'est un peu mahousse comme fable. Ses voisins sont à dache et leur hameau a quelque chose de tellement « enveloppé » que, pour voir ce qui s'y passe, il faut carrément y venir.

— Cette maison appartient au docteur Skinézi ? poursuis-je.

— En effet.

— Vous êtes madame Skinézi ?

— Non, un de ses confrères.

Elle répond du bout des lèvres, tout son esprit tendu ailleurs. Où, vers quoi ? Elle sent que je représente un danger. Or, c'est une femme froide et décidée qui doit toujours, dans les cas graves, chercher la meilleure solution pour s'en tirer ou limiter les dégâts.

— Vous ne pouvez pas entrer chez vous, dis-je, du ton de la réflexion ; à moins que nous ne fassions sauter la porte.

— Je ne crois pas que vous y parviendriez : elle est blindée.

— Croyez-vous que cette serrure résisterait à une balle de fort calibre ?

— Il y a deux serrures.

— Alors, à deux balles ?

— Il y a peut-être mieux que de disloquer la porte. Vous avez parlé d'un serrurier.

— Seulement vous n'en trouverez pas avant plusieurs heures car ces gens-là dorment. Peut-être, en attendant, pourriez-vous vous réfugier dans l'une des nombreuses annexes ?

Je désigne les autres bâtiments d'un geste large.

— Oui, c'est ce que je vais faire. Eh bien, je vous remercie.

Elle n'espère pas que je vais filer. Trop avisée pour couper dans nos converses de salon. Elle sent, elle sait qu'il y a *autre chose* et que ce badinage oiseux n'est là que pour tromper le temps et nous permettre de nous mesurer.

Je continue d'hésiter. Y aller en force ? Lui piquer ses clés (elle tient un énorme trousseau) et visiter le laboratoire et le reste ? Ou bien continuer de finasser en attendant… le retour de Skinézi ? Car il ne va plus tarder. C'est l'imminence de son arrivée qui rend cette femme si tendue. Elle sait que son « confrère » la suit, qu'il va débouler d'un instant à l'autre.

Soudain, elle choisit :

— Je vais aller travailler dans mon laboratoire en attendant le jour.

— Ça me paraît sage. Je vais vous y accompagner pour m'assurer que les visiteurs nocturnes n'y ont commis aucun dégât.

— C'est inutile. S'ils y avaient pénétré, la chose se saurait.

— Pourquoi ?

— Parce que tout est équipé de signaux d'alarme et que la sirène hululerait à réveiller le département !

— Il existe un coupe-circuit général ?

— Oui, et il se trouve dans le laboratoire.

Au temps pour moi ! T'as commis une petite erreur d'estimation, l'Antonio. Si tu étais parvenu à ouvrir cette porte de l'habitation, t'aurais déglingué le système et t'aurais bonne mine avec les nabus du coin se rabattant avec des fourches et des fusils, style chouans. Dans le fond, ton bon ange t'a protégé en faisant se briser l'infaillible sésame dans la serrure.

— En ce cas, je vous quitte, madame… heu… ?

Mais elle feint d'ignorer le point d'interrogation qui termine ma phrase et ne se nomme pas.

Je fais mine de m'en aller.

— Vous êtes à pied ? demande-t-elle.

— Non, j'étais avec un collègue qui est parti faire une petite inspection dans les environs ; il va revenir, je l'attendrai à l'entrée.

Je la salue d'un air décidé et m'éloigne. Elle attend un moment pour me donner du champ, puis se dirige vers le laboratoire. De loin, depuis l'ombre d'un chêne, je l'observe. Elle pénètre dans le local. Un bref instant s'écoule et une lampe rouge s'allume tout en haut de la façade, presque au sommet du pignon. Une loupiote d'un vermillon très intense. Et moi, bon flic, pas trop con, doté d'un esprit de déduction classé monument hystérique, de me dire : « Cette lampe n'a qu'une raison d'être : donner l'alerte au docteur Skinézi. Comme je le pressens, il va radiner, et son « associée » l'avertit qu'il y a de l'eau dans le gaz, du mou dans la corde à nœuds, des charançons dans la farine et une voie d'eau dans la cale. L'ampoule rouge ne peut en aucun cas avoir d'autre signification. Si : à la rigueur indiquer que le laboratoire est occupé, mais alors elle serait placée au-dessus de la lourde et non au faîte de la construction. »

Alors, tu sais quoi ? Non ? Eh bien suis-moi, tu vas voir.

Je reviens sur mes pas en marchant derrière la haie vive. Parvenu à une vingtaine de mètres du labo, je sors mon pistolet, y visse un silencieux et lève le coude, non pour chopiner, mais pour tirer dans les meilleures conditions, car il est malaisé de bien viser avec un silencieux enquillé au bout de son composteur. Cartonner avec précision, dans ce cas là, relève de l'exploit. Mais je suis ici pour relever de l'exploit, et si je palpe des droits d'auteur convenables, c'est pas seulement pour mettre « poil au nez »ou « poil au cul » à la fin de mes phrases.

Je vise. Et ça fait chlouffff ! Un bruit comme dix poires bien mûres qui tomberaient en même temps de leur arbre. Plus de loupiote ! Bravo, cent ans de Tonio, ça c'est du cirque !

De l'intérieur, la collaborateuse à Skinézi n'a rien pu entendre. J'avise des lumières à travers les vitres dépolies garnissant les fenêtres à grilles du laboratoire.

Un léger sifflement émis par un homme doté d'un souffle puissant mais, par contre, dépourvu de dents de devant, flotte sur le silence nocturne comme une pierre plate lancée sur la surface d'une étendue d'eau. Il ne s'agit pas du cri de la chouette, non plus que de celui du coyote en gésine, mais du signal dont use Alexandre-Benoît, dit le Grand, pour manifester sa présence aux oreilles averties qui en valent quatre.

Je lui réponds par une légère modulation à laquelle ma glotte participe étroitement. Nous opérons dès lors une jonction discrète.

— Où c'qu'on en sommes-nous ? demande l'ancien ministre.

Quelques mots pour l'affranchir. La probable survenance du doc, le signal rouge que j'ai nasé mais dont la dame croit qu'il fonctionne.

— Et alors, mon drôlet, comment opère-t-on quand le toubib se pointe ?

— Tu t'embusques près de l'entrée. Il vient, la

femme, surprise, sort et lui dit de calter. S'il le fait, tu lui coupes la retraite.

— Par quels moyens ?

— T'es chargé, Gros ?

— J'ai ce para tout ce qu'a de bel homme[1] dans ma pocket, convient-il en extrayant trente centimètres d'une pétoire qui aurait permis à Carthage de gagner les guerres puniques si elle avait été inventée deux cents ans avant Jésus-Christ.

— Alors tu tires dans ses boudins.

— Et ensuite ?

— Tu lui dis de rester sage.

— Et si y déconne ?

— Tu déconnes aussi.

Banco ! On se resépare momentanément. C'est pas pour dire, mais on forme un bon tandem, Béru et ma pomme. Un couple qui fonctionne à merveille. Ça paraît toujours étrange, cette connivence absolue, moi si intelligent et lui si con (priez pour nous deux, histoire que ça dure !).

Un trait de clarté barre le fond de l'infini. Quelques zizes se mettent à gazouiller. Les plus matinaux. Le rossignol, je suppose. Toujours le premier à ouvrir sa gueule. Il donne le signal. Bientôt, tous ses potes du voisinage se mettent à faire leurs vocalises. La campagne sent le matin frais, because l'aurore exalte les plantes.

J'efforce d'imaginer le comportement de la dame. Dis voir, elle bricole quoi dans son labo ? Est-ce qu'elle neutraliserait pas des choses compromettantes,

1. Astuce affligeante sur « parabellum ».

par hasard ? Puisqu'elle est persuadée que son pote ne rentrera pas, ayant de très loin, aperçu le signal rouge, pourquoi s'attarde-t-elle ici ?

Dommage que mon sésame soit brisé, sinon j'aurais risqué une petite entrée. Ce temps qui passe me paraît plus perdu que d'habitude. Le sentiment de rater quelque chose d'important. Car peut-être que j'ai mis à côté de la plaque et que le docteur Skinézi ne va pas rentrer cette nuit, ou ce matin ? Imagine que je me sois fait du cinoche.

Je m'approche du bâtiment. En fais le tour silencieusement, en me placardant. Je distingue l'ombre de la donzelle à l'autre extrémité des locaux. Elle paraît s'activer fiévreusement. Oh ! mais c'est que je n'y tiens plus, moi ! Tant pis, à cœur vaillant rien d'impossible ! Je me rabats sur la porte d'entrée, examine la serrure de sûreté. La clé est restée dedans à l'intérieur. A nouveau, mon pote Tu-tue. Vite, vite, re-silencieux ! Voilà, merci ! Hâte-toi, mais ne bouscule rien, Antoine, que sinon tu ferais du mauvais boulot.

Ça y est, bon ! Je place le tube à dix centimètres de l'orifice. Blaoum ! C'est du gros calibre. Ça file un monstre chtar dans la lourde. Cette fois, le bruit, because la résistance du blindage et la résonance est assez important. Reste à savoir si la femme l'a perçu, à l'autre bout de la construction. Je virgule un coup d'épaule dans le panneau. Mais non : *smoke !* La porte ne bronche pas car elle est munie de gonds qui, lorsqu'on ferme à clé, pénètrent dans les montants, assurant un blocage total. Rien de plus efficace. Pour craquer une lourde ainsi équipée, faut un bulldozer, voire un tank à la rigueur, ou alors une charge de dynamite capable de mettre la tour Eiffel sur le flanc.

Ça foire, bordel ! Ça continue de foirer ! C'est quoi mon thème astral, aujourd'hui ? Faudrait que j'appelle Elisabeth Tessier, la jolie sorcière, qu'elle m'explique un peu quoi et qu'est-ce, le comment mon carré de l'hypoténuse a disjoncté et pourquoi mon trigone de mars en carême a pété un joint de culasse. Toujours est-il que ça se désarrime dans l'entrepont, je sens bien. Ces choses-là, tu les renifles illico. Tout va bien, et puis c'est la merdouille en plaque, systématiquement. Tu commences à te tordre la cheville en marchant sur des étrons pas fréquentables, ta petite sœur a ses dents de sagesse qui poussent de traviole, et ta souris a du chamboulement dans le réseau. En plus, tu ne retrouves plus ton passeport au moment de partir et ta banque a fermé deux heures plus tôt pour cause d'elle-dit-pas-quoi, si bien que te voilà à affronter l'existence et ses pernices sans un maravédis. Moi, j'appelle ça la chiasse noire.

Bougon, je remets mon artillerie en fouille, toute chaude de son insuccès. J'aurais dû apporter de quoi écrire, ça m'aurait permis de faire mon courrier.

Heureusement, me voilà distrait de ma déconvenue par des phares au loin et qui se rapprochent rapidos. Sûr certain que c'est le doc. Planquons notre viandasse.

La voiture, une Range Rover de couleur champagne, prend l'allée de la propriété sans ralentir. Elle tangue un peu en mordant sur la pelouse, ne ralentissant qu'à quelques mètres du garage. Elle freine à mort en faisant gicler des graviers. Un homme petit, avec une tignasse de hérisson et des lunettes, saute de son perchoir et se rend à l'arrière de son véhicule dont il ouvre les deux parties, dont l'une se soulève et l'autre s'abaisse, ce qui est une bonne chose, moi je trouve. Il est obligé de se dresser sur la pointe des pinceaux pour se saisir de ce qu'il y a dans le coffiot de la Range, à savoir une pioche, une bêche et une pelle, plus une paire de bottes vertes en caoutchouc. Il rassemble son fourbi, le biche dans ses bras et se dirige vers un appentis jouxtant le garage et qui sert de remise pour les outils de jardin.

Juste comme il en ressort, la voix de la femme retentit, en provenance du laboratoire dont elle a entrouvert une fenêtre.

— Quentin !

L'homme sursaute.

— Oh ! tu es là, je te croyais dans la maison.

Au lieu de s'expliquer elle demande :

— Tu n'as vu personne ?

— Où ?

— Près d'ici.

— Non.

— Pas de voiture stationnée ?

— Mais non. Viens, qu'est-ce que tu fais au labo ?

— Je ne peux plus sortir, la serrure a été détruite, de même que celle de la maison. Tu devrais filer, Quentin. Dépêche-toi.

— Mais…

— Un type de la police était là quand je suis rentrée.

— Pourquoi n'as-tu pas mis le signal ?

— Mais je l'ai mis !

— Il est éteint !

— Alors l'ampoule est grillée à moins que… Va-t'en, va-t'en vite, mon chéri. Vite !

Il est pas du genre tergiverseur, le docteur Skinézi. Son self-control, tu peux le faire monter sur chevalière en guise de camée.

Il lance :

— Pourquoi veux-tu que je parte, mon amour?

Ça, il le virgule à la cantonade, j'en mettrais ma main dans ta culotte, ma chérie, et celle de ton époux au feu ; deux tons plus fort que ce qu'il a balancé jusqu'à présent, tu comprends. *Parce qu'il a pigé que nous pouvions très bien être à l'affût et écouter ce qu'ils se disent.*

Un tout grand champion de la coiffe, je te parie. Je le visionne dans la sublime clarté lunaire. Sa petite taille, chose curieuse, exalte sa personnalité. Lui aussi porte un imperméable clair.

La gonzesse du labo paraît avoir pigé la tactique car elle n'insiste pas.

Il déclare :

— Je range la voiture. Mais tu as laissé la tienne à la diable.

— Je te demande pardon.

Il pénètre dans le garage et met la brouette de sa bobonne en marche. Je l'entends manœuvrer. Ça dure un bout de temps. Je pige mal. Et quand je comprends, *it is* trop tard. Ce gueux a placé l'auto de la femme dans le sens de la sortie en la manœuvrant à l'intérieur du garage, et il débouche en trombe. Décrit un zig complété par un zag pour éviter la Range Rover et fonce comme un perdu vers la sortie.

— A toi, Gros ! j'hurle.

Mais Sa Majesté n'est pas à la hauteur. Circonstances atténuantes pour lui : la voiture de la grognasse est une petite Mini sûrement archigonflée, ça s'entend au bruit de son moulin.

Sa Majesté se dégage de son buisson et se place en travers de l'allée. Tu crois que ça le déconcerte mister Skinézi ? Zob ! Gros zobinche ! Poilu ! Il fonce sur le Mammouth. Alexandre-Benoît fait une esquive de toréador à la retraite. Puis il tire dans les boudins, seulement, dis, le diamètre des roues d'une Mini, comparé à celui de celles d'une Range (si j'ose ainsi charabiater, mais c'est français et t'as rien à dire !).

La petite chignole part comme un pet dans le vent du nord, convoyeur de feuilles mortes. De plus, aidé par l'intense clair de lune, il n'a pas eu besoin d'allumer ses feux. J'entends s'égrener les fortes détonations de la canonnière béruréenne. Tu croirais les vingt et un coups de canon qui saluent la naissance d'un héritier mâle dans une cour royale.

Je fonce jusqu'à ma Maserati. Vrourn ! Vrrrraoum ! La débinade en trombe. Je passe devant le Mastar sans ralentir, pas perdre deux ou trois secondes à ramasser ce gros sac à merde. Je veux rattraper Skinézi. Coûte que coûte.

Il me le faut ! Il est la clé de tout !

Je l'aurai !

La plus grande poursuite de l'Histoire s'engage. Tu peux aller bouffer ta gamelle, je te la raconterai dans une deuxième partie.

DEUXIÈME PARTIE

L'HORREUR AU BOUT DU VOYAGE

FAIS PAS LE CON !

Quand je t'ai signalé que la Mini était gonflée, je restais très au-dessous de la vérité.

Elle est surgonflée ! C'est un bolide. Un projectile !

Dans la ligne droite elle me frotte vilain. Il a enfin mis ses feux, le doc, et les deux taches rouges me sèment du poivre moulu. Et pourtant, ma Maserati déménage un brin, espère. Elle ne décoiffe pas : elle scalpe. Je mets la gomme et recolle un peu, juste assez pour me permettre de distinguer la plaque minéralogique du fuyard. J'apprends son numéro par cœur. Je devrais le téléphoner aux gendarmes pour qu'on dresse des barrages, mais un sot orgueil (il l'est toujours) me retient. Ce toubib, je veux me le payer tout seul, y a pas de raison. Alors j'y vais pleins tubes.

Les hectomètres déferlent sur mon cadran, se changent en kilomètres. La conscience du doc doit ressembler à une fosse d'aisance pour qu'il se soit enfui de la sorte, plaquant tout pour se tailler à la désespérée. Je me concentre sur la conduite de ma guinde, ce qui ne m'empêche pas de gamberger. La pensée, à part mourir, tu ne peux rien faire pour la stopper. Et encore, je me demande si la clamsance est vraiment radicale. Moi, j'ai la moulinette farceuse qui, impitoyablement, fonctionne. Y a des moments, je la sens tellement partie à fond de ballon que je la pressens éternelle ; en partance pour toujours, avec ou sans ma carcasse sanieuse.

Ma pensée ne me quitte jamais. Que je dorme ou que je baise, elle poursuit sa ronde cosmique. Par moments, elle devient un peu usante, alors je biche un *book* pour que celle des autres fasse un brin d'intérim.

Tout en drivant éperdument ma chère chignole, je fais le point de l'affaire. Les quatre angles… Blérot, la Mahékian, les Manzardin, le docteur Skinézi. Des gens unis par des liens plus ou moins discernables et par des actes inavouables. Blérot dont le papa est soigné dans la clinique du docteur Skinézi… Il racole des petits garçons, ainsi que cette artiste peintre femelle, Catherine Mahékian. Le couple torture les enfants chez Blérot. Les restes des malheureux sont ensuite remis à Manzardin qui les réduit en chair à pâté et les fait bouffer par ses cadors… Et le brave toubib, dans la ronde ? Il doit avoir droit à quelque chose pour son labo, j'en suis intimement convaincu.

Et tout à coup, une maille file dans leur effroyable combine. San-Antonio intervient et tout se disloque. Blérot préfère se suicider tout de suite sans avoir à affronter l'enquête. Sa complice démasquée et traquée cherche refuge chez sa sœur. Trop tard : nous sommes là. Il lui reste le doc pour se planquer. Ce dernier biche les chocottes et, aidé de sa partenaire, emmène l'ogresse en lieu sûr. Mais quand il revient, il sort des pelles et une pioche de sa voiture, ainsi que des bottes boueuses… Ce lieu sûr ne serait-il pas une tombe creusée en pleine campagne ?

L'intervention de la police chez Skinazi représente un danger si grand qu'il préfère se sauver. Oui, lui, l'honorable directeur de la clinique gérontologique du *Val Chanté*, voilà qu'il est en cavale comme le premier Mesrine venu !

Mon ardeur à le courser ne fait que s'exacerber. Peu à peu, je gagne du terrain. Très peu. Il joue son va-tout, le disciple d'Hippocrate. Roule à fond de plancher.

On déboule maintenant sur la nationale. Il oblique à droite, et non pas sur Paris comme je m'y attendais.

Des poids lourds nocturnes circulent dans les deux sens. Il les double avec une folle témérité. Je le suis toujours, tantôt lui rendant du terrain, tantôt lui en reprenant. Ça va pas durer jusqu'à la Saint-Troudeballe, si ? Sa petite chignole n'est pas de taille. Elle peut fournir des coups d'accélération ardents, mais rouler en continu à cette allure démente, moi je la vois craquer avant longtemps. Tandis que ma tire à moi est conçue pour. Elle fatigue pas. Cent quatre-vingt-dix à l'heure, elle assume ; n'en a rien à branler. Peut se permettre des heures et des heures de grand tourisme sans baisser de régime.

La clarté de l'aube se développe dans mon rétro, se colore de rose pâle. La circulation commence à s'épaissir un peu. Des motocyclistes engoncés, des livreurs mal réveillés…

Je t'aurai, salope ! Je t'aurai !

Note que j'ai du répondant sous la pogne : les

Manzardin surveillés par Pinuche et la collaboratrice du docteur coincée dans son labo et gardée par Béru. Ça représente des biscuits de rechange, ça. Mais c'est le médecin que je veux. J'appuie, j'appuie, ne me réservant qu'une élémentaire prudence dans les cas de dépassement parce que si je plantais le fils unique de Féloche dans le fion d'un vingt tonnes, elle serait vachetement inheureuse, m'man.

Voilà une file de gros culs. Ils sont trois, avec remorque, à constituer une énorme chenille processionnaire sur la route. D'autres voitures se pointent à notre rencontre. Le doc n'hésite pas : il double. Salaud ! J'appréhende qu'il se fasse zinguer dans l'opération. D'autant que la nationale décrit une courbe un peu plus loin. Je freine, j'attends. La Mini rouge est minuscule à côté des mastodontes qu'elle dépasse. Plus basse que leurs énormes pneus. Les chignoles qu'elle croise lui font des appels de phares éperdus et klaxonnent à s'en découiller les batteries. Mais ouichtre, Skinézi n'en a cure. Il disparaît dans le virage.

J'enrage, je désespoire, j'ovieillessennemise. Tu sais qu'il va finir par me biter, cet infâme avec son audace ?

Revoilà la ligne droite. Je m'apprête à doubler le convoi à mon tour. Non ! Voilà une bétaillère ! La laisse passer. Et à présent, je peux, moui ? Pas encore, cette fois c'est un car plein d'assoupis qui s'annonce.

Quand, enfin je parviens à sauter les trois camions, devant moi la route est déserte. Plus de feux rouges à l'horizon. J'appuie ! J'appuie ! Parviens à un carrefour. Putain d'elle, et d'Adèle ! Que faire ? Je te disais qu'il allait me le fourrer profond, le sagouin !

Un jeune homme à mobylette, avec son cassedale sur le porte-bagages va son petit bonhomme de chemin en pétant une fumée huileuse.

Je pile à mort.

— Hep ! Dis-moi, gars, tu as vu passer une Mini rouge qui roulait à près de deux cents ?

Le gentil garçon (boucher ?) ralentit.

— Non.

— Mais si, t'as pas pu la rater, elle vient de te doubler il y a quelques secondes !

L'éberlué me flashe comme si j'étais un Martien en culotte courte qui se taperait un rassis dans une salle de concert classique.

— Mais y a pas de Mini rouge qui viendre de me doubler ! certifie-t-il avec un tel air de loyauté que j'en ai les testicules tout crispés.

Pas de temps à perdre. Faut le croire.

Je le crois.

Alors, avec une rare témérité, j'exécute un rebrousse-chemin sur la route. Des coups de freins, des appels de phares, des mugissements d'avertisseurs, des imprécations. Tout ça de bonne guerre. Je fonce en sens inverse, mais à allure légèrement plus modérée. J'aperçois ce que je cherche : un chemin à ma droite, peu après l'endroit où le doc a doublé les camions. Je l'enquille résolument (pas le toubib : le chemin). Ce fumier aura profité de l'écran momentané composé par la grande courbe et les gros véhicules pour tenter une manœuvre de diversion. Maintenant, il a combien d'avance sur moi ? Trois minutes ? Tant que ça, tu crois ? C'est vrai que le temps de doubler à mon tour, de rouler jusqu'au carrefour, de raconter ma vie au vélocyclo-motoriste, de virer et de revenir…

Allez, courage, grand !

Sur un chemin, la sensation de vitesse est accrue. Les talus défilent plus vite. Et les barrières te font des signes pour t'inviter à ralentir. Mais fume !

Voilà un village.

Et, à l'entrée d'icelui, un paysan à moustache blanche, sur un tracteur.

Je stoppe en catastrophe.

— Pardon, monsieur, auriez-vous-t-il vu une petite auto rouge qui, que, quoi, dont, où ?

S'il l'a vue ! Cré bongu, pour sûr qu'il l'a vue, c't'auto de malheur, le père Denis ! Même qu'elle a manqué faillir l'emplâtrer dans le virage du bureau de tabac.

Je n'attends pas la fin de son reportage et repars dans une clameur de pneus, en laissant quatre centimètres de gomme sur le goudron du chemin.

Il a encore accru son avance, le monstre ! Cette fois, je me dis textuellement autant qu'en aparté ceci :

« Tantonio, il est temps de mobiliser la troupe. Si tu continues cette courette tout seul, tu finiras par avoir un baobab dans le bab. Il te promène avec sa petite guinde passe-partout, le toubib. Alors décroche ton biniou, prends ta voix la plus autoritaire et donne des ordres pour que soit quadrillée cette région si agréable au demeurant. »

Bon, je décroche mon tubophone intérieur et enfonce les touches d'appel. Un préposé à voix soucieuse, hostile et bien timbrée me dit de m'annoncer. Je virgule mon numéro de code, puis mon nom.

Explique que voilà, je me trouve en train de courser un sale pékin dans les environs de Houdan. Signalement et numéro minéralogique de la tire. Que les brigades volantes se mettent en place dare-dare (voire même Dard-Dard) et qu'on m'avise.

Ouf ! T'as fait ton devoir, l'Antoine. Tu ne pouvais pas différer plus longtemps, ramener cette chasse à l'homme à une simple compétion de chignoles : Mini surgonflée contre Maserati.

La conscience apaisée, je trace de plus rechef. Mais la merde ambulante c'est qu'en rase cambrousse, y a plein de chemins qui s'entrecroisent, façon toile d'araignée. Je vais pas, à chaque embranchement, chercher un nabus pour lui demander s'il a ou non aperçu une Mini rouge !

D'autre part, je ne peux guère poursuivre « au pif ». Ça marche une fois, ensuite tu l'as dans le prosib, mon kiki.

Je sillonne la campagne champêtre, comme dit le Gros, essayant de garder une ligne à peu près droite conduisant à Dreux. Pourquoi m'imaginé-je que Skinézi va tenter de rallier une ville ? N'a-t-il pas un autre plan ? Car si c'était d'une cité qu'il rêvait, il pouvait filer sur Paris tout proche au lieu de choisir la route de l'Ouest. N'empêche qu'il m'a eu. Sa témérité a été payante.

Un groupe de travailleurs émigrés circulent à pince. Je m'arrête. Ont-ils vu…, etc.

Non, ils n'ont pas vu.

Donc, je me fourvoie.

Demi-tour… Puis une autre route qui ondule à travers les prés fleuris fraîchement dégagés de la noye.

Car à présent il fait jour tout à fait. Ce sera le beau temps pour la journée. Des chiées de pégreleux vont s'en réjouir. Inouï, l'intérêt que mes temporains accordent à la météo. Je les entends… Ils se téléphonent d'un continent à l'autre. La deuxième chose après « bonjourçava », c'est « quel temps vous avez ? » Comme si on en avait à cirer du temps qu'il fait à Paris quand on lézarde en Andalousie ! Et même du temps de Paris lorsque tu t'y trouves ! Ils n'ont pas pigé que le temps, c'est toujours à recommencer beau, pas beau, pluie, brouillard, neige, canicule ! C'est tout pêle-mêle dans la grande sphère qui tourne. Elle crache son numéro : « Vent frais avec légère précipitation orageuse en début d'après-midi. » Toute leur vie, ils seront passionnés. Ne parleront que de ça. Ne serait-ce que pour le constater.

« — Il fait pas beau, hein ? »

« — Non, il fait pas bon pour la saison. »

« — L'année passée, il faisait plus doux ! »

Je crois rêver. Le temps les fait perdre leur temps.

« Le fond de l'air est frais. » « Il va peut-être pleuvoir. » « Il y a plus d'été. » « Tiens, il neige. » Et même, ce pur chef-d'œuvre : « C'est un temps qui amènera la pluie. » Oh ! qu'il amène la pluie, mais qu'il emporte les cons, ces feuilles mortes de la vie. Qu'il les emporte dans « la nuit froide de l'oubli » là que Prévert accumulonçait ses feuilles mortes, bougre de bougre !

Là, le ciel est rose. Je te jure qu'il va faire beau, t'es content ? Mais moi, je m'en torche l'oigne. Skinézi s'est volatilisé.

Ecœuré, je m'arrête dans un élargissement du

chemin propice au stationnement. Je consulte mon calepin à couverture noire ; qu'ensuite je compose le numéro de Mme Yvette Bonatout, la pipelette de la rue de Rennes. Elle rouscaille quand je m'annonce. Paraît que son sergent de ville pionce toujours, terrassé par le jet soporifique que Pinuche lui a balancé dans les naseaux.

— Comme ça, il vous fout la paix, rebuffé-je. Voulez-vous monter dire à mon collaborateur du sixième qu'il m'appelle à bord de ma voiture immédiatement.

Elle a tendance à maugréer, ce *morning,* l'Yvette. Hé ! dis, faut pas qu'elle se prenne pour la Dame aux Camélias, sinon je te vais lui rabaisser le caquet. Ça se laisse tromboner en levrette par le premier Bérurier de passage et ça voudrait chiquer les bourgeoises blasées !

— Remuez votre gros cul, comme quand vous vous faites enfiler sur mon bureau, ma petite grand-mère, ne peux-je me retenir de lui vanner (que tant pis si c'est mufle ; moi aussi, j'ai mes tracas).

Aussitôt, elle cesse de renauder et je raccroche. Les coquelicots sont de toute beauté. Enormes, un peu pavots. C'est délicat comme fleurs. Toutes les champêtres ont une fragilité pudique. Les églantines, les boutons-d'or, c'est bernique pour la mise en vase. Les foins poussent. A peine l'hiver barré, la nature répond « présent ». On vit dans des régions tempérées qui stimulent la végétation.

Je regarde onduler les herbes dans la brise du matin. J'ai une pensée ardente pour les petits garçons morts si atrocement. Je les crèverai tous, leurs bourreaux, parole ! Bon, j'ai voté pour la suppression de la peine de mort, et je suis prêt à recommencer, mais si je refuse la loi du talion à la société, je me l'accorde à moi. La société doit garder les mains propres ; moi, non. C'est mon problo, ma conscience.

Le voyant de mon biniou palpite. Il a pas traîné, le Rouquemoute.

— Heureux de vous entendre, commissaire ! débite-t-il. Je commence à devenir fou, tout seul dans cet appartement maudit. J'ai beau me consacrer à mes analyses, je ne parviens pas à chasser de mon esprit les atrocités qui y furent commises.

— Je te comprends, Blondinet. Personne ne s'est plus manifesté ?

— Non.

— Alors casse-toi. Tu connais Mériflour-le-Bas ?

— J'y ai campé à l'époque où je faisais du cyclotourisme avec ma femme, nous n'avions qu'un gamin à l'époque.

Je lui dis de s'y rendre et de rejoindre la Pine au Chenil du Grand Lavoir, en lui précisant ce que la Vieillasse est en train d'y faire. Je lui fais part de mes épouvantables suppositions et lui ordonne de procéder à des investigations pour vérifier si elles sont fondées.

— Pendant que tu y seras, et si c'est positif, fais un peu de sérum de vérité aux époux Manzardin ; il faut en profiter pendant qu'ils sont à notre complète disposition car, une fois livrés au juge d'instruction, ce sera trop tard.

— Entendu.

— Ensuite tu iras rejoindre Béru à Menuet-le-Roi, qui se trouve dans le même coin. Une dame est enfermée dans un laboratoire dont j'ai saccagé la porte. Elle ne peut en sortir car toutes les fenêtres sont garnies de barreaux. Arrangez-vous pour pénétrer dans la maison d'habitation et commencez à fouiller.

— A vos ordres, commissaire.

Un collaborateur aussi docile, tu peux fumer ! Mari unique, poulet unique ! Mathias, c'est le gazier type qu'il conviendrait de canoniser un jour, pas que j'oublie d'en parler à Sa Sainteté !

Notre prise de congé est bouffée par le vrombissement d'un avion de tourisme qui passe deux cents mètres au-dessus de moi.

Je sonne le P.C. de la volante.

— Commissaire San-Antonio, avez-vous du nouveau ?

— Rien encore, il faut que tout se mette en place, monsieur le commissaire.

— N'attendez pas que mon gars soit à Saint-Jean-de-Luz pour poser vos collets !

La placidité indifférente des pandores me coupe les bras. Pour eux, c'est une besogne, tu comprends ? Comme soudeur à l'arc ou mareyeur. Y a pas de raison qu'ils fassent des infarctus chaque fois qu'on leur demande de coiffer un forban. Y a que mézigue pour avoir la rate au court-bouillon quand je tente de pêcher un requin !

Bon, en route. Mais pour où ? Maintenant que mon médecin maudit possède près d'un quart d'heure d'avance, j'ai le bonjour d'Alfred !

J'embraye sans conviction. J'aurais aussi bon compte d'effeuiller des marguerites en attendant qu'on m'appelle. J'opte pour la route de gauche, simplement parce que je distingue des maisons groupées à quelques encablures.

Lorsque je les atteins, je constate qu'il s'agit d'un énorme corps de ferme avec des chiées de granges, d'écuries, de hangars… Mais personne en vue.

Alors, bon, casse la tienne, comme dit Béru : je poursuis mon errance, de cette allure qu'empruntent les dimanchiers quand ils investissent l'Ile-de-France ou le Vexin.

Mon estomac gargouille. Je prendrais bien un gros petit déje, avec un bol empli ras bord, tartines de pain de campagne beurré, larges comme des feuilles de nénuphars. Mais je crains que les pandores ne m'appellent pendant cette pose-caoua.

Encore une dizaine de kilomètres dans le printemps. De gros bourdons poilus font la ramasse du pollen le long des haies, ces goinfres. Le miel, eux, fume !

Vadrouille faisant, je parviens à l'orée d'une grande plaine immobile et sans voix. Une plaine vide, si j'ose risquer cette exquise boutade qui devrait normalement faire marrer un bossu. A l'autre bout de cette étendue plate, j'aperçois quelques hangars d'avions aux toitures arrondies et des biroutes de couleur flottant au sommet de mâts. Un aéro-club. Un bout de tour de contrôle… Une guitoune servant de bar et peut-être de bureau. Un parking cerné d'une barrière blanche. Et alors, oui, alors, mon cœur délicat ne fait qu'un tour, mais quel ! N'avisé-je pas, stationnée parmi d'autres véhicules, une petite tire rouge ? La distance ne me permet pas de déterminer s'il s'agit d'une Mini. Dans le doute je fonce.

Au fur et à mesure (comme dit mon tailleur) que je m'approche du terrain d'aviation, la certitude se fait. Pas d'erreur, il s'agit bien de la chignole du docteur. Mais alors, ce zinc qui, il y a un instant, est passé au-dessus de moi ? Etait-il piloté par Skinézi ? C'est ce que tu penses également, Clément ?

Pas de doute : voilà bel et bien la Mini qui m'a semé. Je laisse ma pompe à son côté pour foncer au club-house. J'entre : c'est une petite salle avec un bar, quatre tables, des trophées en tout genre sur les murs : coupes et fanions. Un poste de téloche est fixé dans un angle de la pièce, à deux mètres cinquante. Des photos d'aviateurs célèbres garnissent le bar. A part ces héros, je ne vois personne. J'attends un poil de seconde que j'estime trop long et vais pousser la porte qu'une plaque émaillée qualifie de « service ». Je me trouve en face d'un solide quinquagénaire aux cheveux gris et au teint hâlé, portant une veste écossaise dans les tons beige Mitterrand : quinquagénaire devant lequel une dame est agenouillée. Un bref instant, je crois qu'elle est en train de recoudre un bouton de sa braguette, mais son mouvement de nuque régulier infirme cette proposition et force m'est d'admettre qu'elle lui cisèle une pipe de toute beauté. Le monsieur m'adresse une mimique d'excuse d'abord, puis de supplication.

Discrètement, je referme la lourde pour aller me jucher sur l'un des tabourets du rade.

J'espère que le génaire tire pas à la ligne quand on lui oblitère l'aile delta car je suis fou d'impatience. Mais enfin, une pipe, c'est comme un professeur de faculté ou un conseiller à la Cour des Comptes : ça se respecte. Tu peux, dans les cas désespérés, interrompre une étreinte ; mais une fellation, jamais ! Tu risquerais de provoquer un collapsus cardiaque. Moi, les lapsus, tant que t'en veux. Les collapsus, pas question !

Le Seigneur me récompense de son altruisme en écourtant la félicité du « patient ». J'entends sa voix grave, un brin aristocratique, proférer :

— Bravo ! Et merci, ma bonne Mathilde !

— … a… pa…oua, répond l'interpellée, laquelle n'a encore pas pris de décision quant à la suite de l'opération.

Dans cette discipline, les partenaires se divisent en deux sections. Tu as les gobeuses et les expectoreuses ; mais il peut, au gré des sentiments et des appétits, se produire des interférences, la nature humaine étant en continuelle mouvance, ce qui n'est pas le moindre de ses intérêts.

L'épongé apparaît. Rajusté de pieds en ceinture, affable, plein de retenue (après, tu peux !). Il murmure :

— Merci de votre compréhension, mais j'avais pratiquement franchi le point de non-retour.

— Vous vous occupez de cet aéro-club ? coupé-je avec pudeur.

— Je suis le président, oui. Pourquoi ?

Je lui exhibe ma brème.

— Le docteur Skinézi en fait partie ?

— Oui. D'ailleurs il vient juste de prendre l'air.

L'expression m'arrache un sourire.

— Il s'est envolé pour quelle direction ?

— Simple balade matinale.

— Prévue pour combien de temps ?

— Une heure.

— Cela lui arrive souvent ?

— Assez : il adore voler.

— Le matin ?

— De préférence.

— Il a un avion à lui ?

— Oui, un Cessna 152 monomoteur.

— On peut aller loin avec ça ?

Mon « évidé » sourit.

— On peut aller partout avec tout ce qui vole, commissaire. Ce qui différencie les zincs, c'est leur puissance, leur équipement et leur autonomie.

— Il peut se permettre quoi, sans escale, comme trajet ?

— Un bon millier de kilomètres.

Je m'approche de la vaste carte d'Europe placardée près de la porte des chiottes. D'un coup de z'œil circulaire, je constate que Skinézi peut s'offrir pratiquement tous les pays limitrophes.

— Il a la possibilité de se rendre à l'étranger ?

— Pas sans avoir déposé un plan de vol !

— Supposons qu'il passe outre ?

— Ce serait à ses risques et périls.

— Supposons que ce soit à ces risques et périls ?

— Evidemment, si on pisse sur la légalité, on peut tout faire… Seulement, s'il agissait ainsi, il la sentirait passer.

La dame dont les lèvres sont des ventouses surgit de l'office, après avoir rempli le sien. C'est une grande fille blondasse qui n'a pas le regard d'Einstein, mais qui possède un bien plus beau cul que la *queen* de Grande-Bretagne et des Dominos. Accorte, tu sais ? Du balcon, une bouche faite pour, tout bien.

— Vous prenez quelque chose ? nous demande-t-elle.

Je m'entends répondre :

— Un grand crème avec des tartines beurrées.

— Et vous, monsieur Stanislas ?

M. Stanislas est d'acc pour un jus serré. Il ne la regarde plus, même pas avec une petite brillance malicieuse dans la rétine. Il est de ces hommes qui oublient sitôt qu'ils ont refermé leur braguette.

Pendant ce temps, le docteur Skinézi vole à tire d'aile vers son salut.

— Je reviens ! dis-je.

Et de courir jusqu'à ma chère tire qui me sert de P.C. volant.

Qu'en plus, elle me les a fait légèrement griller les tartines, Mathilde. Ça croustille sous les chailles. Et puis le beurre est normand et a un goût de grasse pâture. Je clape avec presque de l'avidité. Tu peux rien apprécier si tu n'es pas vorace : la bouffe, l'amour, la prière nécessitent un appétit surdéveloppé. La pompeuse de président d'aéro-club me regarde dévorer avec intérêt. Tu veux parier qu'elle ferait philippine avec moi ? Me dégusterait sans taste-vin, la gourmande ! Une pure jouisseuse, la médème. Juste se frotter contre un coin de table en mettant la nappe et ça part ! Je préfère ça aux frigides. La victoire est moins honorable, mais le résultat plus satisfaisant.

— Tout nous porte à penser qu'il se dirige vers l'Angleterre, dis-je la bouche aussi pleine que celle de Mathilde naguère. Il a été repéré à la verticale de Lisieux. J'ai demandé qu'on l'intercepte, mais les services compétents m'ont répondu que ça n'était pas possible.

Mon terlocuteur opine.

— Southampton, murmure-t-il.

— Pourquoi ?

— Skinézi s'y est rendu très souvent.

J'avale ma fin de tartine de traviole, ce qui me fait tousser.

— Formide, cher monsieur…

— Stanislas Gude, il décline.

J'essuie ma dextre un peu graisseuse et la lui propose. Il y joint la sienne, on mélange pour transformer le tout en poignée de main.

Et puis voilà pile qu'il me vient une idée. Une vraie, très chouette, dans les tons azur avec du poil autour.

— Disposeriez-vous d'un appareil plus rapide que celui du docteur ?

Stanislas se pince le noze.

— Il y a le jet d'affaires d'Alberto Cornemouille, l'architecte international : un Mystère 20 de première.

— Vous sauriez le piloter ?

— Vous me prenez pour un wattman ?

— On pourrait l'utiliser pour foncer jusqu'à Southampton ?

— Je dois demander la permission à Alberto.

— Faisez, faisez !

Il va au biniou posé au coin du rade et tube. Par veine, il obtient le roi de la construction futuriste. Les deux paraissent être au mieux car ils se tutoient. Le *señor* Gude est un homme du monde. Un gars nonchalant mais précis, à la fois badin et péremptoire. Le gus qui se fait tailler une pipe par la gérante du club-house mais qui est capable de la sacquer sur l'heure quand il trouve un poil de cul dans les nouilles.

Il n'en fait pas une tartine, Stanislas. Ne se perd pas en explications oisonnes. Simplement une urgerie l'appelle à Southampton, est-ce qu'il pourrait-il emprunter le Mystère 20 pour un aller-retour ?

Feu vert puisqu'il dit « Merci bien » en raccrochant. Et à moi :

— Ça joue, commissaire. Je peux vous conduire là-bas.

— Vous êtes un citoyen de rêve, monsieur Gude.

— Je sors le carrosse pendant que vous terminez votre déjeuner et je dresse mon plan de vol.

Je ferme les yeux pour une imploration. Fasse le ciel que ce fumelard de Skinézi aille bien à Southampton et que nous puissions y parvenir à temps.

Quand je rallume mes lampions, j'aperçois Stanislas Gude par la baie vitrée qui marche rapidement vers un hangar.

— Alors vous êtes commissaire ? demande l'angélique Mathilde.

Elle a cette dolence qui m'excite chez certaines. Un peu conne et molle, mais avec un je-ne-sais-quoi qui vous flanque l'envie de se la faire illico.

— A ton service, Mathilde chérie, je réponds. Ainsi, M. Stanislas vient t'aider à faire l'ouverture, le matin ?

Elle rougit, son regard ondule.

— Pas tous les jours, bredouille l'évanescente.

— Démarrer la journée par une belle pipe comme tu lui en as taillé une, ça prédispose.

— Il vous l'a dit ? sursaute-t-elle.

— Non, je l'ai vu, mais je me suis retiré pudiquement.

Je souris.

— Approche !

Follement docile, ou alors, disons-le : subjuguée, elle s'approche. Je faufile ma sinistre sous sa jupe puisque je tiens de la dextre ma deuxième tartine.

— J'étais certain que tu ne portais pas de culotte, Mathilde.

— Vraiment ?

— Oui, vraiment. T'es une vraie gonzesse, juteuse comme je les aime. Dommage que je sois sur le pied de guerre, sinon je t'embroquerais sur une table. Je pratique une botte secrète phénoménale, soit dit sans me vanter. La tringlette du siècle, avec l'accompagnement au complet. Si je t'entreprenais, tu filerais droit à l'extase, ma poule. Je te ferais chanter la chatte, douée comme je te sens.

— Ben, il faudra revenir, déclare-t-elle simplement. Un lundi, par exemple. Le lundi, M. Stanislas ne vient jamais.

J'enregistre l'invite.

— O.K., je me rabattrai ce prochain lundi, et après ma visite tu pourras prendre un de ces bains de siège que préconise la mère Rika Zaraï dans son traité de botanique. Et faudra pas chialer la fleur de coriandre ou de perlimpinpin si tu veux pouvoir t'asseoir avant la fin du septennat. Tu m'excites tant tellement que je te ferai fumer le fion kif un volcan réveillé en sursaut.

Elle halète, la tendre femme. Clôt à demi les yeux. Roucoule du nez. Une fois lancée sur son orbite, elle doit payer, la gueuse ! Son et lumière sur l'accroc de Paul, comme dit le Gravos. Du tout grand orgasme avec défilé des majorettes. C'est bon de se poser des jalons, dans la vie. Ça balise, aide à avancer. Ainsi gagne-t-on son ciel ou son néant par sauts de puce (voire de pucelage) d'un pied sur l'autre, d'un pied à l'autre. On se fait des promesses, on s'organise des croisières dans le frifri des belles. Je sais que lundi prochain y aura grande représentation solennelle de mister Dupaf aux miches de dame Mathilde, et ça vaut toutes les réceptions à l'Elysée, Jacques Attali me le disait l'autre jour.

— Paré ! annonce Stanislas Gude en passant sa belle tronche par l'entrebâillement.

— J'arrive.

Je roule une brève galoche à Mathilde.

— Je te dois combien pour le brique faste ?

— Vous me réglerez lundi.

Elle me tient avec une dette, la rouée. Elle a tout de suite pigé que j'étais honnête.

On glisse sur du velours. Le ciel étincelle. Temps à autre, Gude dégoise un truc plus ou moins codé à je ne sais qui dans son crachoir à trous.

Je l'ai mis au fait de l'enquête, entraîné par un irrésistable courant aérien de sympathie.

Outré, il est.

Il me parle de ses enfants qui se mettent à lui fignoler des petits-enfants : tous mâles ! Bravo !

— Vous êtes doué pour les maths ? l'interromps-je.

— Il en faut un peu quand on est passionné d'aéronautique.

— Mettons que Skinézi possède une demi-heure d'avance sur nous et qu'il se rende à Southampton, est-il pensable, vu la différence des zincs, que nous y parvenions en même temps que lui ?

— Vous rigolez : nous y serons bien avant lui. Il se déplace à 140 à l'heure avec son monomoteur, et nous à 700 avec notre jet ; logiquement on devrait lui flanquer plus d'une heure trente dans la vue.

— Fasse le ciel qu'il aille bien à Southampton.

— Si on l'a repéré au-dessus de Lisieux, c'est qu'il filait sur l'Angleterre. S'il filait sur l'Angleterre, c'est pour se poser là où il a l'habitude de se rendre, logique ?

— Ça le paraît. Mais sait-on jamais ?…

— Bien sûr, sait-on jamais.

— Pouvez-vous demander par radio à mes services s'il y a du nouveau à son propos ?

Stanislas opine. Il branchouille, clabatouille et me passe le casque.

— Branché ! A vous !

J'obtiens la voix virile du lieutenant Jolicœur. Non, R.A.S., on n'a plus capté le Cessna nulle part, mais c'est presque normal car ces légers coucous ne laissent pas chouille de trace sur l'écho radar ; et il est probable que mon « client » vole assez bas. S'il plafonne au-dessous de cent mètres, y a rien à espérer question repérage.

Bon, merci. T'as pas un frein que je le ronge ? J'ai fini le mien.

Stanislas Gude jacte encore dans son micro. Puis interrompt le contact.

— Vous connaissez l'aéroport de Southampton ? je lui demandé-je.

— Naturellement. D'ailleurs, j'y ai conduit le docteur Skinézi un jour que son coucou était à la révision.

— Ah ! bon. Racontez voir un peu, cher monsieur et déjà un peu ami.

— Eh bien, un matin il arrive au club, très affairé, court à son hangar et trouve son zinc décarpillé avec deux types en train de le désosser. Le voilà qui fait un foin du diable car cette révision n'avait été prévue que pour le lendemain, mais pour une raison de dispatching, on avait dû l'entreprendre avec vingt-quatre heures d'avance. Jamais je n'avais vu ce petit bonhomme dans un tel état. « Je dois être à Southampton avant midi. Avant midi, vous m'entendez ! » trépignait-il. Pour le calmer, je lui ai proposé de l'y conduire avec mon propre avion. Ça l'a calmé et il a accepté.

— Une fois à Southampton, l'avez-vous attendu ?

— Bien sûr. Il m'a demandé de l'attendre dans une auberge ancienne des environs et m'a offert un copieux déjeuner.

— Il est resté longtemps absent ?

— Un peu plus d'une heure. Il avait pris un taxi.

Je réfléchis chouchouillet.

— Avait-il un bagage ?

— Oui : une sorte de beauty-case carré qui paraissait très lourd pour son faible volume.

— Il y a, je pense, un service des douanes à Southampton ?

— Naturellement, mais très relâché pour les gars

d'aéro-clubs comme nous. Il n'intervient que si nous débarquons avec des paquets. Le paquet rend le douanier fiévreux sous toutes les latitudes.

Il interrompt notre converse pour exprimer des renseignements à des tours de contrôle.

Et moi, je mate l'horizon infini sous le soleil dans lequel nous glissons presque silencieusement. Moelleux comme sensation, suave. Je ferme les yeux pour savourer. Et puis cela se déguise en sommeil. Mais en sommeil conscient. Tu sais ? Tu roupilles tout en gardant le contact avec la réalité. Tu sais où tu te trouves et en compagnie de qui, mais malgré tout, tu en écrases et des rêves se superposent à la notion de réel.

Je m'imagine très bien à je ne sais combien de pieds d'altitude, piquant sur l'Angleterre ; pourtant je dors, pourtant je rêvasse… Je vois le frigo tragique dans la grande armoire de ce sadique, rue de Rennes ; les restes effroyables de l'enfant saccagé. La chaîne au mur, les éclaboussures… La grande broyeuse du chenil, et les fauves écumants aboyant à tout-va. Je vois la femme de Vazimou-le-Grand, la collaboratrice du docteur Skinézi, inquiétante. Un regard qui m'incommodait. Et puis le petit docteur qui n'a pas l'air d'un docteur et qui drive son zinc, en ce moment, quelque part sous nous. Une association, pis que de malfaiteurs : une association de monstres.

Je pense à Toinet qui a failli se faire embarquer. S'il n'avait pas son franc-parler avec moi qui l'a incité à me montrer le scénario abject de Blérot, sans doute serait-il dans le réfrigérateur de la rue de Rennes.

Un trou d'air me réveille. L'impression que je vais cracher mon cœur.

Stanislas Gude sourit.

— Dépression parce qu'on survole la mer, commissaire.

— Déjà ?

— Vous avez piqué un somme. Vous paraissez fourbu.

— Je n'ai pas dormi depuis lurette ; je tiens à coups de petits roupillons volés pendant des temps morts.

— Dur métier que le vôtre.

— Pire, soupiré-je.

Les côtes britiches arrivent à notre rencontre, ourlées de brume légère. Gude s'annonce à Southampton. On lui donne les indications voulues et bientôt on va se poser en douceur sur une piste secondaire. Le temps est un peu moins fringant que chez nous. Il fait beau, certes, mais avec des petites giclettes de pluie ou de bruine — je ne sais trop — ,venues d'ailleurs.

Mon nouvel ami, si serviable, se rend au bureau d'accueil pour la paperasserie tandis que je commande un breakfast soigné : œufs frits, avec des saucisses et du bacon. Ça te ragaillardit un continental ! Y a que ça de valable, en fait de bouftance chez les Rosbifs, leurs breakfasts.

Ici, c'est pas une charmante hôtesse avec un cul de salopiote qui officie, mais une espèce de rouquin barbu qui pourrait faire la pube d'une marque de bière rousse. Un mec bougon, massif, déplumé du dôme, avec un pantalon noir, une chemise blanche, un gilet écossais dans les tons rouges.

Gude revient, l'air satisfait.

— Je suis tombé sur un copain à moi, dit-il. Il nous préviendra dès que Skinézi s'annoncera.

— Vous paraissez bien certain qu'il va se poser ici, murmuré-je. Peut-être est-il déjà arrivé à destination sur un autre aéro-club français ?

Il réfléchit.

— Pas impossible, mais je ne crois pas. Southampton est tellement son itinéraire habituel…

On clape en silence. Un bon coup de bibine pour faire déménager le bacon. Ensuite, on se vote un scotch sec. Le bar s'est rempli. Ça jacasse en anglais. Je note que flegme britannique, mon cul, le brouhaha est aussi intense que chez nous.

Pour tromper la tante (comme disait mon oncle), on ligote les baveux anglais qui racontent bien Lady Di, la mère Thatcher, le cours de la sterlinge et le pétrole de la mer du Nord. Mais je n'arrive pas à fixer mon attention sur ces sujets passionnants.

L'anxiété me broute le moral. Le médecin va-t-il atterrir ici ou pas ?

A bout de nerfs, je rejette mon journal, noirci par les caractères anglais, et arpente le bar jusqu'à la porte pour aller respirer un grand coup l'air humide tombant des falaises qui se découpent au loin. Et, putain d'elle, je frémis. Qui vois-je-t-il s'avançant vers le club-house, de sa démarche de petit cow-boy hargneux ? Le doc ! S'est posaga sans tambour et p'têtre même aussi sans trompette. En tout cas, le soi-disant copain de Gude l'a enfilé de première en ne le prévenant pas comme il l'a promis. Je trace jusqu'au bar.

— Gude ! barrez-vous, voilà Skinézi ! Passez par-derrière, ou s'il n'existe pas d'autre porte, ce qui serait surprenant, enjambez une fenêtre. Sortez de l'aérodrome et trouvez un taxi à toutes fins utiles, je vous rejoins.

Il s'exécute en trois coups les deux. Pendant qu'il opère, je vais discutailler avec le rouquin embarbé pour lui demander de me changer des piastres françaises contre des livres non dévaluées. Il m'empaille de première, mais j'ai pas le temps de le traiter d'escroc car le docteur pénètre dans la salle et se pointe au bar pour demander à téléphoner. Mon rouquemoute irlandoche (probable) lui balance un nickel et le gars Skinézi passe dans la partie des gogues où, comme chez nous, se trouve également le bigophone.

Je me hâte d'aller aux chiches pour esgourder ce qu'il cause. Heureux que je ne me sois pas montré à lui, cette noye. Peut-être m'a-t-il vaguement aperçu au moment où j'ai bondi de ma planque, mais si vitement qu'il n'a pas eu le temps de mémoriser mon physique de théâtre. Il paraît extrêmement soucieux, nerveux. Un viceloque ayant eu la *very good* idée de percer un trou dans la porte des chiches pour tenter d'entrevoir le frifri d'une dame (ou le paf d'un gus, qui sait ?), je puis, par cet orifice, admirer le personnage pendant qu'il tubophone. Bourré de tics, le doc. Il tord la bouche toutes les quatre secondes et a un mouvement de l'épaule droite comme pour assurer la bretelle d'un sac. Il a le teint blême, avec des espèces de plaques d'un jaune grisâtre sur les joues et le front. Chose étrange, son regard clair paraît sombre au fond de ses orbites très creusées, les lunettes aux verres légèrement teintés renforcent cette impression. Sa tignasse hérissée est d'un châtain grisonnant pas agréable, qui fait négligé.

— Passez-moi le docteur Barnes ! demande-t-il en anglais.

Il attend en se bectant des peaux mortes autour des doigts qu'il crache dans ma direction.

— Hello, Edwin ? Ici Quentin… A l'aéroport de Southampton… Quelque chose de fâcheux… De très très fâcheux… Je peux prendre un taxi… Vous préférez m'envoyer Mary ? Merci, je l'attends… A tout de suite !

Il raccroche et retourne au bar. Bibi fait fonctionner la chasse d'eau dont la musique de source est toujours apaisante. Qu'ensuite de, je sors par la petite porte de service qu'a dû emprunter l'ami Stanislas.

Un bahut noir, haut sur pattes, aussi vieux que l'Angleterre, attend sur le terre-plein près de l'aéroport. A l'intérieur, Gude m'adresse un signe d'extrême intelligence et je vais le rejoindre.

— Merci pour votre aide, lui fais-je. Maintenant vous pouvez rentrer, je passerai vous dédommager dès que je serai de retour.

Il hausse les épaules.

— J'ai ma journée à libre disposition, comme disent les dépliants touristiques et votre affaire me passionne ; c'est avec plaisir que je resterais à votre disposition, commissaire, si vous n'y voyez pas d'inconvénient.

— D'accord. Pour l'instant, nous attendons une certaine Mary qui va venir récupérer Quentin Skinézi.

A son siège, le chauffeur attend nos instructions en lisant le *Daily Cious*. C'est un petit mec avec une veste de cuir râpé, une casquette énorme sommée d'un zizounet, et des lunettes de myope.

— Vous l'avez prévenu qu'il devrait poireauter un temps indéterminé ? chuchoté-je.

— Soyez tranquille.

— Il n'a rien dit ?

— Si, il m'a déclaré que le plus agréable moyen de gagner son bœuf c'est en lisant le journal.

Une vingtaine de broquilles s'écoulent et voilà qu'une petite Morgan verte surgit et pénètre sur le parkinge de l'aérodrome (chef-lieu Valence). Une merveilleuse fille en descend : grande, taille de guêpe, pantalon jean, gros pull blanc, foulard sur ses cheveux roux, besicles à grosse monture blanche. Quand je dis qu'elle en descend, je veux dire qu'elle en bondit, comme une chamoise d'un rocher.

— C'est votre cliente ? questionne Gude.

— Pas impossible.

— Seigneur, ce pétard ! On en boufferait, non ?

— A tous les repas, conviens-je (puisque Stanislas et moi sommes sur la même longueur d'onde et combattons pour la même cause).

Au loin, j'aperçois le doc qui sort du bar et qui adresse à la déesse rousse un grand geste pour lui signifier qu'il arrive.

Elle y répond par un autre geste et l'attend, campée au milieu de l'allée de ciment, les jambes écartées, ce qui donne tout son relief à l'admirable pomme verte qui lui sert de cul.

— Voyez-vous, commissaire, soupire Gude, je comprends le viol dans certains cas.

— Vous avez une forte santé, rigolé-je, car si j'en crois ce que mes yeux m'ont montré il n'y a pas si longtemps, vous vous êtes mis les glandes à jour, tout à l'heure.

— Jamais ! proteste Stanislas. Jamais à jour, commissaire. Qu'un sujet comme celui-ci croise ma route et je repars dans les convoitises. La fornication est ma raison d'être. Une fille à peine oblitérée, et me voici à nouveau en position de top départ. Pas vous ?

— Il y a de ça.

Je fais coulisser la vitre discrète qui nous isole du conducteur.

— Navré de vous déranger, dis-je, mais on va essayer de débarrasser les roues de votre carrosse des toiles d'araignées qui sont en train de les recouvrir.

— A votre guise, Sir.

— Je vais vous expliquer la manœuvre : commencez à filer. La route est une ligne droite. Roulez doucement. Dans un moment, une Morgan verte vous doublera, ayant un couple à son bord. Dès lors, il ne faudra plus la lâcher, c'est possible ?

— C'est possible si la Morgan respecte la limitation de vitesse, Sir. Cela dit, ce que vous me demandez ne me plaît pas beaucoup car je déteste filer mes semblables. Seriez-vous cocu, Sir ?

Je lui montre ma carte.

— Non, cher monsieur, simplement je suis contre les trafiquants de drogue qui saccagent notre belle jeunesse d'un côté et de l'autre du Channel, pas vous ?

Chez moi, c'est l'instinct, comme toujours ! Mais qu'est-ce qui me pousse à balancer des trucs comme ça, au pif, juste comme il le faut, quand il le faut, à qui il le faut ?

Le chauffeur a un hennissement de bourrin fouetté.

— Pas à moi qu'il faut poser cette question, Sir ! Mon plus jeune frère est dans un asile psychiatrique pour avoir abusé de leur saloperie. Vous savez ce qu'il faudrait faire, Sir ? Leur tirer dans la tête.

Il embraye sec et s'éloigne.

— Pas si vite ! lui enjoins-je, sinon nous parviendrons à une bifurcation avant qu'ils ne nous aient dépassés.

Malgré son fringant bolide, elle ne cherche pas de rognes aux panneaux de limitation, Mary. Quarante *miles* à l'heure ? Banco ! La filocher c'est de la tarte aux quatre fruits (abricots, pommes, fraises, cerises). Tout en manœuvrant sa maison à roulettes, il fulmine, mon taxi-driver. Insulte le couple qu'il tient dans son collimateur, à deux doigts de se convaincre que c'est lui qui a rendu son frangin bargeot en le schnouffant à zéro. Un artiste du volant. Faut voir comment il négocie avec la circulanche. Il est vrai que rien n'est plus maniable comme véhicule que les taxis anglais. C'est moche, carré, énorme, mais ça vire sur place et ça passe n'importe où.

La Morgan contourne Southampton et va prendre la A36 qui mène à Salisbury. Cette voie étant dégagée, elle pousse un peu les feux et tutoie le cent vingt à l'heure. Ça déclenche les imprécations de notre chauffeur qui redoute de la perdre ; il y va pied au plancher, le zigus à la gâpette. Voûté, les bras arrondis autour de son large volant, la mâchoire saillante, il surmène son moulin à outrance. Que tant pis si ça casse, il les aura, ces charognards.

De fait, servi par les feux de carrefour, chaque fois il parvient à recoller, le brave garçon.

Et puis voilà que, en plein dans la ligne droite, prend une de ces routes anglaises, délicieuses, bordées de haies. La Morgan y vire en trombe.

— Attendez un peu, garçon ! fais-je à notre maestro du champignon. Si vous les collez trop, ils vont s'apercevoir de notre filature.

On laisse aller, tout en s'efforçant de ne pas perdre la petite grenouille verte des yeux. Quand elle n'est plus qu'un point à l'horizon, on s'élance.

L'endroit est délicieux, d'une verdoyance qui donne à penser sur la baille qui doit vaser dans ce bled au cours d'une année ! Espère, c'est pas le Sahara (comme dirait Bernhardt) ! De belles demeures se succèdent, avec d'immenses parcs, du lierre jusque sous les bras, des perrons, des tourelles, de la brique, des allées cavalières...

Mon bahutier envoie un peu plus de sauce car la Morgan a disparu de notre champ visuel. Il fonce, tombeau ouvert.

— Là ! hurle soudain Stanislas.

Le conducteur pile et on fait une grosse bise à la vitre de séparation.

— Je viens de la voir dans une cour de ferme, déclare Gude en tamponnant son pif meurtri avec sa pochette.

— Continuez de rouler encore, l'ami !

Notre docile auxiliaire obtempère.

— Une grande ferme arrangée, ils descendaient de la voiture.

Le raisin dégouline à travers la pochette car il s'est mis un méchant chtard. Au bout d'un *mile*, on retrouve la pleine campagne. Y a des chênes, des pâtures… Des moutons. Vachement pastoral. Manque plus qu'une gonzesse en robe à panier sur une escarpolette (elle a des escarres, Paulette), et t'as le bioutifoule tableautin dix-huitième angliche.

La route étroite devient chemin pierreux à ornières.

— Stop ! murmuré-je.

Le mec se range sous un chêne. Me reste plus qu'à rendre la justice. Et maintenant ? C'est exaltant, une poursuite. Voilà des heures que je le course, ce salaud. Bon, le voici à destination, alors ? Hein, gros malin de Sana, alors ? Tu fais quoi, à présent ? T'es à l'étranger et dans un pays où l'on ne chicane pas avec *the law.* Jouer les gros brandillons ? Tu parles ! Pourtant, je dois décider. Qu'en plus, mes deux compagnons me scrutent du coin de la prunelle. Je vais avoir l'air d'un gland, moi, sous mon chêne, si je barguigne trop longtemps. Un chef, pour rester chef, il doit s'imposer par ses promptes décisions.

— Vous avez vraiment la journée à me consacrer, monsieur Gude ?

— Et même la nuit, malgré la petite pétroleuse avec qui j'ai rendez-vous au *Fouquet's,* à vingt heures ; mais je peux lui poser un lapin car, en y réfléchissant, elle doit baiser comme une seringue.

— On ne va pas garder ce taxi jusqu'à la Saint Trou…

— Non, patron ! ricane Gude.

— Tenez, voilà des livres, allez donc louer une bagnole à Salisbury ; ensuite vous réglerez le taxi et vous reviendrez me pêcher sous ces chênes.

— Et si Skinézi repart dans l'intervalle ?

— Pourquoi repartirait-il ? Il vient juste d'arriver au terme d'une sacrée poursuite. Non, je sens qu'il va rester planqué ici pendant un bout de temps.

Je donne une claque dans le dos du chauffeur.

— O.K., fiston ! De première, votre coup de volant. Si un jour je quitte la police pour monter une écurie de formule 1, je penserai à vous.

Ils s'en vont. Ce sapin, parole, tu croirais un énorme corbillard.

Mains dans les poches…

Attends, c'est le refrain d'une chanson ancienne. Papa la balançait pendant qu'il bricolait dans notre chaumière.

« Cheveux au vent, mains dans les poches »… Ça me revient.

Je recommence, tout en arquant vers la ferme « Cheveux au vent, mains dans les poches… » Et ensuite ? Je coince. Tant pis. Tout ça pour cacher l'angoisse qui me grimpe depuis les pinceaux jusqu'aux roubignolles. Mon « Et alors, gros malin ? »continue de planer au-dessus de moi tel un vol de corbaques.

Bon, à pied d'œuvre. Docteur Skinézi est là, à mille mètres. Non, maintenant, à neuf cent quatre-vingt-dix-neuf. Puis, à neuf cent quatre-vingt-dix-huit, et tout de suite à…

Je me vois sonnant à la lourde du docteur Edwin Barnes :

« — Mande pardon, je voudrais parler au docteur Quentin Skinézi *por favor…* »

Ça donnerait quoi ?

Je continue d'avancer sur la route pittoresque. Revoici les grandes demeures, les parcs aux arbres vénérables (toujours, dans les beaux livres bien tenus, comme celui-là : des arbres vénérables, tu noteras ; importants, les clichés : ce sont eux qui donnent un *look* à ta prose, la font ressembler à un hôtel cinq z'étoiles ou à une pissotière négligée, selon), des murs drapés (oublie pas non plus drapé si tu veux faire écrivain sérieux) de lierre aux « feuilles vernissées », des massifs de fleurs, des… et puis merde, continue tout seul la compofranc, je t'attends là.

Je parviens de mon pas de chasseur alpin (arme d'élite où mon vieux s'illustra) au niveau de la ferme dont m'a parlé Stanislas. Ferme ? Oui, peut-être, mais tu parles d'un monument classé ! Elle étale ses mille mètres carrés couverts dans un « U » majuscule somptueux et, également, drapé de lierre sombre aux feuilles vernissées, parole ! Une crèche de cette importance, tu peux carrément la qualifier de château, Marchais te flanquera pas sa main sur la gueule. Et Pilsuski non plus !

Je mate en loucedé, à la dérobade. Avise la Morgan devant l'entrée, avec Mary qui sort et monte dedans, probablement pour la remiser au garage.

Je passe sans marquer le moindre ralentissement. Doit y avoir un trèpe noir en activité dans une pareille masure. Faut larbiner grand pour l'entretenir.

Alors, Santonio de mes ravissantes et énormes deux, tu décides quoi ? Tu reprends l'autobus pour

Saint-Cloud ou tu te fais cuire une panse de brebis farcie ? T'es au fond de la nasse, mec. Je t'ai connu plus actif, cérébralement. C'est la fatigue accumuloncée ou bien ?

Un ronflement rageur.

Coup de périscope arrière. Tiens, non, elle menait pas sa voiturette à la niche, mais repart en course.

Moi, tu me changeras jamais : chasse le naturel et j'arrive au galop. T'attends Grouchy et c'est le Tantonio qu'arrive.

J'entends la tire dans mes endosses. Elle va pour augmenter l'allure après avoir repassé l'entrée, et voilà-t-il pas que je me tords intentionnellement la cheville au moment où elle me double ! Tu sais que ça peut être dangereux ? La preuve : j'embarde et pars en embardée admirablement feinte et contrôlée. J'emplafonne le capot du petit monstre. La courroie de cuir dont il est sanglé (vaut mieux être sanglé que sans gland) me râpe le bassin aquitain. Le choc me propulse de côté, et plock ! je vais embrasser le goudron anglais qui n'est ni meilleur ni moins bon que le nôtre.

La splendide Mary a freiné, crié (à moins que ce ne soit dans l'ordre inverse, faudrait repasser la bande au ralenti). Sa Morgan, c'est une vraie bête vivante : malgré que le contact soit coupé, elle continue de hoqueter et soubresauter. Je me relève péniblement en me tenant le dos. Ma grimace de douleur doit être réussie : j'en lis l'effet sur le visage de la gonzesse.

Elle retire ses grosses lunettes à monture blanche. Oh ! pardon ! Elle a raison d'en porter car, derrière, c'est l'éblouissement. Pour bien te faire comprendre, elle ne les met pas pour protéger ses yeux à elle, mais pour épargner ceux des autres, parce que quand t'aperçois ses châsses, t'oublies tout : ton nom, la couleur de la culotte d'Alice Sapritch, la date d'après-demain, la capitale du Zimbabwe, tout, que je te répète ! Tu n'y vois que du bleu et du doré ! De l'infini, du jamais imaginé. Le paradis, quoi !

Elle met mon éberluage sur le compte de la souffrance et murmure :

— Je suis sincèrement navrée. Vous avez très mal ?

— Assez, merci. Mais ce n'est pas votre faute : je me suis tordu le pied au moment où vous passiez, je lui réponds en continuant de grimacer et de me masser les endosses.

— Voulez-vous que j'appelle un docteur ?

— Ce ne sera pas la peine ; si seulement vous vouliez bien me prendre avec vous jusqu'au prochain arrêt de bus…

— Volontiers ; où allez-vous ?

— Salisbury.

— J'y vais également, je peux vous déposer.

— Merci.

Je m'enquille dans son baquet, que franchement faudrait un chausse-pied. Ces chignoles c'est jouet tout plein, mais pratique, fume ! Ça gronde, ça vibre, t'as le pot d'échappement au ras de l'asphalte et t'es allongé dedans comme dans la baignoire de Marat ; mais chaque kilomètre te disjoncte les vertèbres. Faut aimer frimer, aimer le vent et l'odeur d'huile chaude. Sept ans d'attente pour en obtenir une. Les hommes sont cons. Je le savais, le sais un peu plus chaque jour. La preuve au quotidien. La preuve épreuve !

Elle sent bon, Mary. Qu'en plus, ces vibrations me flanquent la godance doucereuse, celle des chemins de fer et des routiers. Titillage de claouis. Un velours ! T'as le goumi sans y penser. Brusquement tu te retrouves en compagnie d'un étrange squatter dans ta culotte. Qui se cogne la tronche partout vu que c'est trop bas de plafond dans ta soutane !

En attendant, elle m'emporte à Salisbury. Très bien, bravo. Mais, et après, Santonio de mes chères ? Toujours la même question en deux mots. T'arrives à Salisbury, ensuite ? Tu demandes mam'zelle Angèle ? Celle qui vend des bonnets de coton ?

Classe, à la fin ! Faut pas que je m'interroge, sinon je paume mes moyens. Le mieux, c'est de me faire confiance. D'agir à l'humeur, au gré de l'impulsion, comme je viens de le faire à l'instant. Ce que mon esprit ne conçoit pas, mes réflexes le discernent parfaitement. Bon, ben alors te gêne pas, l'Antonio : vas-y !

Je sors mon larfouillet pour explorer le compartiment où je range les seringues miniatures contenant quelques millilitres d'un produit soporifique instantané. De plus en plus, dans les cas délicats, je fais appel à la biochimie. J'en possède quatre, à peine grosses comme la moitié d'un compte-gouttes et pourvues d'une aiguille extrêmement fine. Elles sont encastrées dans un papier d'étain avec des pointillés permettant de les séparer facilement.

— Vous n'êtes pas de la région, n'est-ce pas ? questionne Mary.

— Non : Suisse.

— J'adore la Suisse.

— Moi aussi…

Et de me mettre à fredonner l'ancien hymne helvétique dont la musique était celle du *Goût Suave du Singe* : « O monts indépendants, écoutez nos accents, nos libres chants… »

Mine de rien, je prélève une seringue et la débarrasse de son papier.

— Cela vous ennuierait-il de vous arrêter une seconde dans un endroit discret, fais-je. Je suis diabétique et j'ai des crises d'hypoglycémie. Je sens que j'en commence une, consécutive à l'accident.

Elle me répond que, bien sûr naturellement et comment donc cela va de soi, et se présente dans un chemin secondaire. M'arrête derrière un énorme bouquet de noisetiers.

— Ici, cela vous va ?

— Admirable !

Je descends de voiture et passe derrière la chignolette. Le pull blanc de Mary bâille dans le dos, au niveau de l'omoplate gauche.

Tcholc ! Un geste sec. Elle déguste l'aiguille dans la chère chair. Pression conjointe. Et la miss rousse pique du pif sur son volant avant d'avoir pu se retourner.

Je m'arrange pour la faire passer de la place conducteur à la place passager, ce qui n'est pas du tout fastoche vu l'exiguïté de l'habitacle. Je la fais glisser au mieux et lui cale bien la tronche sur le dossier à l'aide de son écharpe.

En route !

Lorsque j'étais étudiant, j'étais allé passer un mois à Bournemouth pour « me perfectionner en anglais ».

Qu'en réalité j'étais tombé chez un jeune pasteur dont la femme parlait le français aussi bien qu'elle baisait, ce qui m'avait permis de me vider les roustons sans emplir mon vocabulaire.

C'est là que je pilote peinardos, remettant de temps à autre la tête de Mary en place, pas qu'elle risque de torticoler, la pauvre. Je sais où je vais. Une espèce de camp de concentration pour vacanciers au bord de la mer, sur un brin de lande qui ferait dégueuler un cormoran, tellement qu'il est sinistros. Une vingtaine de bungalows sont disséminés sur un hectare de pelade et cernés — tiens-toi bien — de barbelés, ce qui leur donne un petit air Auschwitz tout ce qu'il y a de fringant. Le loueur de ces masures pour pauvres-cons-j'ai-payé, pas si bête, crèche dans une maisonnette de granit, pas tellement folichonne, mais apparemment confortable. Je vais carillonner à sa lourde. Une grosse baronne traîneuse de savates à semelles de feutre vient m'ouvrir. Je lui raconte que je suis en voyage de noces et que j'ai amené ma jeune femme pour faire plus joyce. Nous voudrions louer un clapier pour nous envoyer au septième ciel à tire-larigot. Bien que ce ne soit pas la saison, elle consent à me louer une cabane bambou. Sa moustache frémit d'excitation. Elle prévient que c'est pas chauffé. Je lui rétorque qu'on essaiera de compenser par des mouvements appropriés. Elle en glousse jusqu'au fin fond de son fibrome, la mère. M'attrique la clé *number* 9, merci. C'est le bungalow qui domine le mieux la mer. Depuis lui, par temps dégagé, tu peux voir pisser le gardien de phare du cap de La Hague. Elle prévient qu'il faudra pas compter sur le breakfast « en » chambre — son vieux est à l'hosto pour son arthrose de la hanche et elle, elle peut pas se traîner. Autrouducunimportance, la rassuré-je. Elle me retient pour me demander deux livres, ce dont je lui donne. Et précise que, pour le ménage, faudra pas y compter avant la semaine prochaine, mistress Metritt, son employée, est au chevet de sa vieille maman en perdition, dans le Suce Sexe. On le fera nous-mêmes, je rassure. On adore ça. Faire un lit qu'on a défait pour des transports amoureux, n'est-ce pas un prolongement de l'amour ? Mon hôtesse dit que si et pleure sur son passé complètement passé. Fin de l'épisode.

Me reste plus que de driver la Morgan devant le pavillon n° 9. La disposition des autres fait qu'il est complètement dissimulé aux éventuels curieux. Je coltine la belle Mary sur un pucier indigne d'elle et qui grince déjà, alors qu'est-ce que ce serait si je lui pratiquais vraiment le gag de la nuit de noces ! Tu juges cette « chevauchée fantasque » ?

A présent, faut que j'œuvre vite fait, biscotte Stanislas Gude doit déjà poireauter sous les chênes (où y a pas de plaisir) en se demandant s'il ne m'est pas arrivé malheur. J'attache les quatre membres de la môme aux quatre montants du plumard. Elle décrit une croix de Saint-André (le gaz) parfaite. Bien qu'elle en ait pour un bon moment encore à pioncer, je lui confectionne un bâillon style poulaga d'avant-guerre, tel que m'a enseigné à les faire l'inspecteur-chef Botzarel, un vieux de la vieille qui a connu toutes les astuces de la Rousse à l'époque où l'on n'avait pas encore inventé les « bavures ».

Me reste plus qu'à retourner d'où nous venons.

Nobody sous les chênes dont le vent m'apporte la voix grave. J'abandonne délibérément la Morgan sous leurs altiers branchages. Comment se fait-ce que Gude ne soit pas encore là ? Peut-être est-il venu et reparti ? Mais pour où ?

Cheveux au vent, mains dans les poches, je marche sur la maison du docteur Barnes. Une grande paix est en moi. Un besoin d'action si intense que j'en éprouve presque du bonheur. L'homme foncièrement déterminé est invincible. Me voilà redevenu Bayard, le chevalier Ajax sans peur et sans enzymes.

Je passe l'entrée, traverse l'immense cour. La porte principale est belle, basse, à gros panneaux anciens cloutés. Elle comporte deux vantaux dont l'un propose une main de bronze, féminine je précise, qui semble pratiquer un solo de chattoune à deux doigts.

Boum ! boum ! fait-elle quand je m'en sers de heurtoir.

C'est une soubrette pas dégueu qui surgit. Minois tacheté de son, yeux fripons, coiffure courte à la garçonne. Robe bleu marine, tablier blanc : la bandaison assurée. Mais pour bibi, tout m'est prétexte. Les filles nues me font triquer parce qu'elles sont nues, et les filles habillées plus encore parce qu'elles sont vêtues. Ça s'appelle le processus du cancre. Un cancre use de toutes les raisons possibles et impossibles pour exciper de sa cancrerie ; ma pomme, je brandis tous les prétextes pour normaliser mes désirs impulsifs. Mais bref, comme disent les grands écrivains, revenons à notre brebis.

— Bonjour, miss, gazouillé-je en modulant, trémulant, veloutant ; je souhaiterais parler au docteur Skinézi qui se trouve ici présentement.

Elle semble surprise. M'ouvre des vasistas grands comme des chiens-assis.

— Qui donc, dites-vous ?

— Le docteur Skinézi ; c'est un ami du docteur Barnes.

J'attends en lui montrant mon bout de menteuse, entre mes lèvres, manière de lui solliciter la mouillance ; les femmes de chambre répondent assez bien à ce genre d'allusion, ai-je pu constater au cours de mes pérégrinations internationales. Elle y est sensible, mais au second degré seulement.

— Je ne connais personne de ce nom, assure la péronnelle.

Seulement, dis, tu connais l'Antonio, ma chérie ? Cézigue, pour la lui mettre, faut se lever de bonne heure et le faire tenir par une compagnie de cuirassiers. Un friselis dans sa rétine me fait sentir qu'elle me bourre gentiment le mou et sa périphérie.

— Je parle de la personne que miss Mary a amenée voici deux heures avec sa jolie Morgan, mon petit cœur.

L'autre, ça doit l'exciter de mentir. T'as des êtres comme ça, qui prennent leur pied en te balançant des invérités. Comme si nier le réel leur procurait un plaisir sexuel.

— Miss Mary n'a amené personne ce matin, et d'ailleurs, elle n'est point ici.

Alors là, bon, faut changer son fusil de pôle.

— Puisque vous refusez de me conduire auprès du docteur Skinési, conduisez-moi au docteur Barnes.

— Il est en voyage.

— C'est cela, et moi je suis le prince de Galles, ma poulette. C'est vilain pour une aussi jolie fille de se foutre de la gueule d'un bel homme qui saurait si bien lui faire connaître l'extase. Je parie que vous ne vous êtes respiré que des Britiches jusqu'à ce jour, non ? Y a donc pas un maçon portugais dans le secteur, ou un serveur italien pour vous montrer ce que c'est qu'un vrai coup de rapière ? Allez, cessez de débloquer, ma gosse, avant que ça tourne au tragique.

Je l'écarte et pénètre dans la demeure. Déçu. Elle faisait *House and Garden* de dehors, mais dedans, elle ressemble à n'importe quel appartement sottement bourgeois d'un notable.

Ils sont cons, ces gens, bordel ! Du pompeux tarabiscoté Louis XV. Ils croivent que c'est ça, le lusque. Sont persuadés qu'ils en jettent méchamment avec leurs commodes en marqueterie et leurs appliques mordorées.

La gosse se retourne piquée, tu sais au quoi ? Au vif, oui, mon pote !

— Vous allez sortir, sinon j'appelle un homme.

Moi, franchement, y a des moments, je suis méconnaissable. Quand on me connaît, on peut pas croire. Voilà-t-il pas que je lui balance une torgnole qui lui fait décrire une embardée, la môme !

— C'est ça, je lui crache : allez chercher un homme ! Et si cet homme pouvait être le docteur Skinési, je vous fourrerais en amazone pour vous récompenser.

Dès lors, elle se met à clamer, la Dolly, à ameuter fort la garde. Une gracieuse sujette de Sa Mochetée la reine des *queen,* se faire baffer par un étranger qu'est pas d'ici, tu juges-t-il bien l'ampleur, bazu ?

Moi, franchement, ma visite chez le docteur Barnes, je l'imaginais beaucoup plus souple. Je prévoyais pas ces anicroches ancillaires. Ils ont dû mettre leurs pendules à l'heure, les deux médecins, bien chapitrer le personnel.

Au cri de la donzelle, radine un petit homme genre Arabe, en blouse blanche, petite moustache à la Hitler, sabot d'hôpital. Il fait très laborantin, cézigo.

— Que vous arrive-t-il, Dolly ? il demande.

Tu vois, la môme s'appelle bien Dolly, j'avais vu juste.

— Ce type m'a frappée ! glapit la soubrette.

L'autre se tourne vers moi, sévère.

— Est-ce exact ? me demande-t-il.

— Tout à fait, confirmé-je, et je suis disposé à poursuivre si l'on ne me donne pas satisfaction. J'entends rencontrer les docteurs Barnes et Skinézi et je les rencontrerai. Comme tout ça me paraît foireux, histoire d'éclaircir la situation, dites à Barnes qu'il aille jeter un coup d'œil sous les grands chênes au bout du chemin ; ensuite c'est lui qui demandera à me voir !

Et comme le laborantin syrien hésite, j'enfle le ton :

— Mais remuez-vous le cul, bon Dieu !

Il se décide à sortir. Dolly frotte sa joue giflée.

— Vous êtes une sale brute ! renaude-t-elle.

— Vaut mieux avoir une sale brute dans son lit, qu'un brave connard, ma poule. L'énergie développée est sans comparaison.

Elle continue de chougnasser. Alors, je m'approche d'elle et elle s'efforce de ne pas paniquer et de me défier de son regard anglais.

Moi, tu me connais ? Intrépide. J'approche mes lèvres des siennes.

— Faisons la paix ! je propose.

La voilà qui me file une tarte. Vaillante, non ? Je feins de ne rien sentir et poursuis mon action. Bientôt, nos deux bouches se ventousent. Subjuguée, elle me laisse démarrer mon pas des patineurs. Ça lui anesthésie la rogne. C'est la pelle classique, mais ardente. Je lui compte toutes les chailles du bout de la langue. Trente et une ! Lui manque une dent de sagesse. Ça ne presse pas.

Après ce mimi goulu, je nous désunis. Cruelle initiative, mais l'endroit ne se prête pas aux grandes étreintes. Avisant un fauteuil, je vais m'y déposer. Relaxe, Max ! Putain, quelle fatigue ! Tu l'auras remarqué, moi, une enquête, j'y plante mes crocs et ne la lâche plus avant sa conclusion. Evidemment, ça implique de faire des heures supplémentaires. Que dis-je ! Des jours supplémentaires ! Mais après, j'ai la fourbance heureuse. Si je parviens à mener à bien l'histoire présente (et si je la mène pas, mon éditeur me fait un procès comme tu peux pas savoir ; parce que lui, copain, pas copain, c'est du kif), je tirerai un grand bon coup et puis je pioncerai deux ou trois jours, avec ravitaillement en vol, comme les bombardiers U.S. quand ils vont chier leurs bombes sur les mômes à Kadhafi.

Mes paupières se ferment malgré ma volonté de les garder ouvertes. Je saute en parachute. Je perçois des bruits de portes, de pas. Ma tête se renverse. Un grand trou noir m'absorbe. Je lutte. La soubrette est toujours là.

J'ai la force de lui sourire.

— Qui est Mary ?

— La fille du docteur Barnes.

— … Bien ce que je pensais…

Me rendors par saccades. Plus rien. Si : en réverbération sonore, des bruits. On parle, on marche, on heurte… J'arrive au fond de l'entonnoir géant, vais m'engloutir par son goulot, chuter dans le néant peut-être bien. Frère Jean des Entonnoirs… Calembour surnage… Et maintenant, tous en chœur, nous allons entonnoirer *La Marseillaise :* Allons cent francs de l'apatri i ide… »

— S'il vous plaît !

Je sursaille. Le laborantin syrien… Regard de loup sous d'épais sourcils pareils à deux grosses chenilles en train de s'embrasser sur la bouche.

— Mvoui ?

— Venez !

Je l'essuie ; je laisse suie ; je le suis…

On sort par une porte basse. Un long couloir blanc, cruellement blanc, peint à l'huile, éclairé au néon. Portes, portes, portes… A gauche, à droite, au fond. Il en ouvre une et je débarque dans un cabinet médical. Table d'auscultation, armoires métalliques blanches, bureau d'acier, fauteuils pivotants.

Un homme immense et voûté se tient assis derrière le burlingue. Les lattes d'un rideau californien ne laissent passer que peu de lumière diurne. Mon terlocuteur doit mesurer plus d'un mètre quatre-vingt-dix. La soixantaine. Une grande gueule qui fait penser à un masque de caoutchouc. C'est blême, c'est roussâtre, y a des méplats, des creux, des reliefs dégueulasses. Les yeux sont très enfoncés mais très grands, vairons pour parachever ! Tu te rappelles du grand garçon que s'était fignolé le bon docteur Frankenstein ? Un Apollon, à côté de cet homme.

Et puis attends, j'ai pas fini. Du temps que je me le paie, j'y vais à fond la caisse ! Y a surtout la voix. *The voice !* Il cause comme un trachéotomisé. C'est caverneux, à peine audible. Le vrai monstre, dans l'ensemble. Dis, si c'est lui, Barnes, il a pas pu engendrer une beauté comme Mary. Impossible ! Ou alors il s'est fait aider par son copain Tyrone Power !

Il a les deux coudes sur son bureau et son buste paraît pendre entre ses épaules. Il me fixe en mâchouillant à vide. Puis il déclare :

— Deux questions : qui êtes-vous et où est ma fille ?

Après quoi, il attend mes réponses sans me lâcher des yeux.

Je lui rends sa politesse. L'Antonio aussi sait balancer le harpon de son regard dans la frite d'un homme.

— Je suis celui qui recherche le docteur Skinézi. Quant à Mary, elle est en lieu sûr, si vous me permettez d'user de cette formule.

Et puis j'attends la suite. Il m'envisage, me considère, me soupèse, si jauge ainsi m'exprimer.

— Vous allez me rendre Mary sinon je vous fais arrêter.

— Faites-moi arrêter !

Ma spontanéité tranquille lui cisaille le sifflet. Le sourire qui la confirme ajoute à son malaise.

— Vous êtes un policier français ?

— Devinez !

Il paraît réfléchir à haute voix, bien que sa voix ne puisse plus l'être.

— Si vous êtes un flic, Mary ne craint rien, je pense.

— Et si je n'en suis pas un ?

Barnes redresse son buste et fait un mouvement avec la main droite. Je réalise qu'il presse un bouton d'appel logé sous son bureau. Tous les présentateurs de journaux télévisés procèdent ainsi, t'auras constaté. Et c'est ridicule. Moi, ils me pompent avec leur foutu bouton. J'arrive plus à me concentrer sur ce qu'ils bonnissent car je suis toujours en attente de ce geste tâtonnant sous leur pupitre pour indiquer à la régie d'envoyer le document filmé en conclusion de leur commentaire. Ils partent à la recherche du fameux timbre avant la fin de leur phrase. La plupart, tu les sens troublés, comme s'ils craignaient de plus le trouver un jour. Y a que mon pote Mourousi qui se prépare longtemps d'avance. En voyant sa pattoune sous le burlingue, t'aurais tendance à croire qu'il se fait une petite branlette, mais non : il a le doigt sur le bistougnet, simplement. C'est plus coulé. Mais je crois qu'ils pourraient sortir de l'archaïsme, à la technique. Trouver autre chose d'encore plus simple, de plus naturel. Une cellotte photoélectrique par exemple, qui leur éviterait de partir à la pêche toutes les cinq minutes !

Pour t'en reviendre au docteur Barnes, je m'en rends compte comme d'une maison, qu'il sonne l'alerte, le vilain bougre. De fait, la porte s'ouvre à la volée et deux types pénètrent, armés de gourdins. L'un d'eux est le laborantin syrien, l'autre un malabar en chemisette, aux bras pleins de poils frisés pour l'hiver.

Des branques, question castagne. Il est pas équipé en gorilles, le toubib english. Il fait avec sa main-d'œuvre professionnelle. Il a tort. Face à un Sana surdoué, tu veux qu'ils fassent quoi t'est-ce, ces deux tordus, avec leurs manches de pioche ?

Je les désigne à Barnes.

— Ne me dites pas que ce tandem d'ahuris envisage de me flanquer une raclée.

— Pas si vous me dites où est Mary ! fulmine mon interlopecuteur.

Je hausse mes robustes épaules qui font la joie de mon tailleur et m'approche des deux « hommes de main » improvisés.

— Sortez, les gars ! leur jeté-je, et cessez de faire des moulinets avec vos bâtons, sinon vous allez finir par vous blesser ou vous faire blesser.

Qu'à ce discours, imagine-toi, le malabar en chemisette et poils frisés prétend me flanquer un coup de goume dans la poitrine ! Bébé rose, va ! Rien que mon esquive le laisse pantois. Entraîné par son élan, il décrit un demi-cercle qui le situe dos à moi. Je lui biche sa matraque aussi aisément que tu t'empares du crayon de ta petite nièce de cinq ans lorsqu'elle te dessine un Petit Prince.

Le Syrien veut m'assener à son tour, mais je lui fais le coup de la queue de billard et il prend l'extrémité du manche de pioche dans les dents. Pour commencer il tombe sur son séant et crache trois incisives jaunies par le tabac. Le gros veut alors m'attaquer à poings nus. Il déguste un coup de bâton sur les genoux, ce qui le casse en presque deux, puis un second sur la nuque, ce qui l'endort.

Je vais refermer la lourde après une zieutée dans le couloir où la petite Dolly se tient, réduite aux aguets.

— Deux minutes et je suis à vous, mon enfant ! lui lancé-je avant de lourder.

Je reviens vers Barnes.

— Pourquoi perdre du temps avec ces jeux de collégiens, docteur, n'avons-nous pas mieux à faire ?

— Ma fille !

— Chaque chose en son temps. Je veux parler à Skinési.

— Il est reparti.

Il m'a balancé ça catégoriquement.

— Pour où ?

— Je l'ignore.

— Dommage pour Mary !

Le docteur se dresse. Alors là, c'est franc le Légo vivant de Frankenstein.

Percevant un bruit derrière moi, je me retourne pour faire face au Syrien, lequel a fini d'éternuer ses ratiches et qui tient un couteau.

Connard ! Mon bâton (ou plutôt celui de son pote) lancé de main de maître, le chope à la tempe. Et c'est en même temps que lui que je m'écroule. Pas évanoui, étourdi comme par une insolation. Mais c'est pas le mahomet de cette journée grise qui vient de me décoiffer le bulbe, plutôt le gros encrier de cristal style Arts-Déco qui trônait naguère sur le burlingue de Barnes et qui gît, brisé, sur le sol avec du sang à moi sur son couvercle bombé.

Il enchaîne par une piqûre, le toubib. Je voudrais repousser sa seringue, mais l'homme à la chemisette est debout sur mon ventre et le Syrien, debout sur ma main droite. Comme la gauche est repliée sous moi, que ça tourbillonne mochement dans mon caberluche et que je ne me sens pas davantage de force qu'une maman limace venant d'accoucher, je suis forcé d'encaisser sa dose de sirop.

Un délicieux bien-être m'envahit instantanément. Je vadrouille dans de la barbe à papa. Ma volonté s'annihile à la vitesse grande vache. Fait l'impression de me royaumer[1] sur une plage de sable blanc au bord d'une mer d'huile d'olive vierge.

Ces messieurs ne s'encombrent pas de préjugés coûteux. Ils me chopent par les chevilles et me halent dans le hall. Bon, c'est pas grave jusqu'à ce qu'on atteigne un escalier. Mais voilà qu'ensuite ils entreprennent de me le faire dévaler sur le dos. Si je n'étais pas à demi caramélisé, je souffrirais mille morts. Ce sera pour plus tard. On accède à un sous-sol carrelé. On poursuit jusqu'à une double porte que Barnes ouvre avec une clé fixée à son gousset par une chaînette.

Le labo ! Immense, d'une clarté aveuglante, avec un assemblage inouï de machines étranges, de tuyauteries nickelées, d'appareils à cadrans produisant des bruits pour film de science-fiction. Les deux péones du médecin se désattellent et m'abandonnent sur le carreau. Ils vont quérir un lit-chariot dans un renfoncement du local et me hissent dessus. Deux sangles épaisses m'y maintiennent. L'une m'emprisonne la poitrine et les bras, l'autre les jambes. Et voilà le boulot, mon Tonio. Niqué sottement. On ne peut pas faire gaffe à tout simultanément.

1. Se royaumer, expression helvétique signifiant quelque chose comme se goberger, prendre du bon temps.

Le doc t'a bité avec son encrier, tant pis pour ta gueule. Quand sa piqûre aura cessé son effet euphorisant, je vais en roter, espère. Le sang dégouline de mon cuir fendu ; chaud, insidieux, il se faufile sous mes fringues. Et puis les meurtrissures de l'escadrin s'ajouteront à celle du coup de parpaing et ce sera la vraie fête des sens, comme on dit chez Shell que j'aime. Non, franchement, je te jure, quand tu mènes une existence pareille, t'as le droit (voire le devoir) de compenser en prenant du bon temps avec toutes les dames qui acceptent de t'en donner. Telle est ma sommaire philosophie. Mais comme il s'agit de la mienne, j'y tiens.

— Merci. A présent, laissez-nous ! fait Barnes à ses pieds-nickelés.

Les deux tuméfiés se retiennent pour aller réparer de Sanan l'irréparable outrage. Le doc va tirer le verrou, soucieux de sa complète tranquillité. Moi, je présage rien de fameux.

Il revient à moi et se met à pousser le lit dans un second local. Attaché comme je suis, je ne distingue pas grand-chose d'autre que le plafond pomme à l'huile, pardon, peint à l'huile, qui défile au-dessus de ma tronche fêlée.

Lorsque notre trajet est achevé, je constate que mon chariot se trouve accolé à un autre. Tournant le chef de son côté, j'y aperçois, avec stupeur, le brave Stanislas Gude ligoté comme je le suis moi-même. Son visage est vert, sa bouche blanche.

— Il est mort ? demandé-je.

— Pas encore, répond Barnes.

— On peut savoir ce que vous lui avez fait ?

— Je l'ai interrogé. Mais c'est un type très secret, doté d'une volonté farouche.

Du fond de mon bien-être artificiel, j'éprouve déjà du tourment. Même quand tu es camé, l'existence te fait tarter. Faut toujours qu'elle la ramène. Alors, c'est quoi, le bonheur ? Des instants de plaisir, fulgurants ? Une bouffée de joie plus ou moins justifiée ? Un paysage, un tableau, une enculade, un sourire d'enfant ?… Plouf ! La pulsion qui, le temps de compter jusqu'à deux ou trois, t'aura fait sortir de ta peau carcérale. Et puis ça s'évapore comme la buée sur ton pare-brise quand tu branches le dégivreur à bloc. Déjà dissipé, le bonheur. Il est venu se montrer, te faire bander, saliver. Et adios, Ducon !

— Comment se fait-il qu'il soit ici ?

— Il essayait de regarder chez moi, après être passé par le verger. Il ignorait que la maison est entourée d'avertisseurs magnétiques.

— Vous avez des projets le concernant ?

— Ils dépendront de votre propre comportement.

Je ferme les yeux. Dieu, quelle mollesse coule dans mes veines, comme disait Chimène à sa concierge.

— Qu'avez-vous fait de Mary ?

— Des amis s'en occupent.

— Où est-elle ?

— Elle ne va pas tarder d'atterrir.

— Où cela ?

— Dans le pays où nous avons décidé de la conduire.

— A quelles fins ?

Je souris béatement :

— A toutes fins utiles, docteur Barnes.

— Si on ne me la rend pas, je vous détruirai, vous et votre compagnon.

— Et nos chers cadavres, docteur Barnes ?

— J'ai un incinérateur très perfectionné, rassurez-vous.

— Ah ! bon. Bravo.

A nouveau mon doux regard se voile. Se clôt.

— Donnez-moi votre identité ! insiste Barnes.

Mais l'Antonio est dans le cirage.

— Etes-vous un policier ou un truand ? hurle le médecin.

Silence complet. Je révulse, mon souffle saccade, je pars, je pars… Et dans mon cœur j'emporterai… le souvenir de tes grands yeux et…

Tu vois, faut lui rendre cette justice, Barnes : c'est un scientifique. Un vrai. Il est cap' de me filer un encrier sur la margoule, à la désespérée, capable de me médicamenter, tout ça… Mais au plan homme d'action, il a des lagunes, comme disait mon pote le gondolier. Ce genre de type, il lui reste des pointillés partout. Des blancs à remplir dont il n'est même pas conscient.

Ainsi, je vais te dire. Dans cette eau pour cul rance[1], il commet une faute impardonnable, mais que je lui pardonne ultra-volontiers puisqu'elle sert mes intérêts. Tu veux que je te raconte ? D'acc, mais on va changer

1. C'est pauvre, mais y a encore trois quatre débiles que ça amuse. Moi, je suis l'auteur qui ne néglige rien et c'est ce qui conforte mon emprise sur le marché du *book*. Jamais hésiter à se prostituer du moment que tu peux faire jouir un moudu. Là se trouve la vraie charité chrétienne bien ordonnée.

de chapitre, manière d'aérer un peu ce polar qui commence à puer l'écurie.

Dis, ça fait un bout que je tartine à l'intérieur du même.

Prolifique, je veux bien, mais j'aimerais pouvoir tirer à la ligne ma crampe de l'écrivain. Que tu sois Michel Tournier ou ma pomme, une page noircie, c'est une page noircie. A force d'à force, t'as du fadinge dans les membranes. Un pilote de grand jet, il assure pas tout le vol à lui seul. Un nez crivain, si : il reste aux commandes de son chef-d'œuvre bout en bout — Paris-Tokyo ! Juste il a le droit de licebroquer à Anchorage, et encore, à condition de pas avoir pris de diurétique avant de partir !

FAIS PAS DE CAUCHEMARS

Ce qui le turlupine, Barnes, c'est mon identité. Ça lui gratte le trou de l'occulte qui je suis. Il se gaffe vaguement que j'appartiens à la Grande Volière, ou plutôt, ce devait être l'intime conviction de Skinézi. Mais mes manières le déplument. Généralement, un poulardin suit la voie officielle, souscrit aux paperasseries et à toute cette chiotterie administrative qui freinent tant tellement les pauvres flics dans leur action. Y a des commissions rogatoires et tout un circus pas croyable. Alors, bon, il veut en avoir le cœur net, bien se rendre compte la nature du danger, le docteur Frankenstein.

Comme je ne lui réponds pas et que j'ai l'air *out*, il décide d'emparer mes papelards pour vérifier.

Seulement voilà, la sangle de poitrine comprime mon portefeuille. Pas moyen de le piquer sans dégrafer ladite. Et ce nœud volant, c'est là que j'en arrive, scientifique, donc un peu lunaire, il agit sans réfléchir aux conséquences. La sangle devient lâche et moi courageux. Oh ! ce qui suit est très simple. Pas de fioritures, de faux-fuyants, de prouesses épiques.

Au moment où il se penche pour glisser sa main à l'intérieur de mon veston Cerruti, je m'offre une détente capitale pour me mettre sur mon séant. Si bien que Barnes déguste mon crâne en pleine poire.

Le véritable coup de bélier pour défoncer les portes de cathédrales ou de châteaux fait au dos.

Ça craque, ça saigne, ça éclabousse. Et puis tout s'achève par un grand badaboum, car le doc, foudroyé, s'écroule au sol.

Un qui perd pas de temps pour se dépêtrer, c'est l'Antonio mignon. Me voici debout près du chariot, tout vaseux de la piqûre et également de mon coup de boule. J'aime bien travailler de la tête, comme tous les intellos. J'ai le vertige. Je m'appuie au chariot, mais étant à roulettes, il ripe et je manque m'affaler sur la grande carcasse du monstre du Loch Ness (et non pas d'Eliott Ness, comme j'en entends qui disent, ces veaux !).

A mains trembillantes, je décapsule une nouvelle seringue mignarde sortie de mon larfouillet. Proutt ! Dans le cul du monsieur. Son évanouissement va se muer en sommeil.

Mais au moment où je flèche le toubib, j'ai un sursaut. Magine-toi qu'il s'est pété la tronche, en chutant, l'ordure. Nos lits, à Gude et à moi, se trouvent alignés le long d'un socle dans lequel est scellé un gros appareil genre poumon d'acier. La nuque du docteur a porté sur l'angle du socle et s'est fendue kif une bûche. Y a plein de dégueulasseries qui s'échappent de la plaie béante : ce que les légistes qualifient de « matières cervicales ». Qu'une telle abomination nous permette de penser, de trouver le théorème de Pythagore, d'écrire *Roméo et Juliette,* de peindre la Joconde ou de devenir San-Antonio, voilà qui me trouble infiniment et me rend perplexe. Le rôle de la matière (et de la cervicale en particulier) dans le fonctionnement de l'esprit, donc de l'âme, maintient ancrée en moi une infinie modestie qui jamais ne désarmera.

Or donc, si je fais le point de la situation, je dois dire que le docteur Barnes, l'ami (et complice ?) de Skinézi, vient de décéder, que Skinézi est apparemment en fuite, que mon copain Stanislas baigne dans le néant et que je me trouve en très fâcheuse position. Car enfin, il se peut fort bien que le médecin défunt n'ait aucune activité illicite et que j'aie enlevé sa grande fille et provoqué son décès pour du beurre. Vachement impulsif, ton pote le commissaire. Un taureau débouchant dans l'arène et qui fonce sur tout ce qui bronche. Pour couronner le tout, plus le prince de Galles, je viens d'agir dans un pays étranger, sans le moindre mandat. Si même Barnes avait été un homme pis que Jack l'Eventreur, je me trouverais tout aussi bien dans l'illégalité.

Mais Dieu dispose et Santantonio propose. Pas l'heure de me pencher sur mon passif. Je dois agir avec ce que je possède. Et que possédé-je provisoirement ? Eh bien, mon ami, le laboratoire du regretté docteur Barnes. Je m'y trouve par la volonté du médecin lui-même et il est allé jusqu'à tirer les verrous pour que nous y fussions plus à notre aise.

Une petite visite s'impose.

Chose curieuse, avant de l'entreprendre, je me sens le cœur battant.

Tu trembles, carcasse ? Si tu savais ce que tu vas découvrir tout à l'heure, tu tremblerais bien davantage !

Le sentiment angoissant de ne pas être seul dans le vaste local. Certes, il s'y trouve Gude, mais pourquoi, au fur et à mesure que j'y séjourne, ai-je l'impression de présences confuses, nombreuses, inquiétantes ?

Je ne crois pas aux esprits. Sauf au mien, naturellement, qui, tu le sais, se pose un peu là ! Et pourtant, je me sens entouré d'un vivant mystère. Dans les films d'épouvante réussis, où tu dragues dans des maisons hantées tu éprouves cette sensation. Les miroirs te regardent, les tentures remuent, des objets se meuvent tout seuls et il se produit d'étranges frôlements.

Je me penche sur Gude. Pas brillant, mon pote. Il aurait dû rester devant son Dubonnet au lieu de jouer les chevaliers Bayard au service de la Rousse. Il a le souffle imperceptible et son teint pomme-pas-mûre ne s'améliore pas. J'essaie de quelques petites claques qui le laissent de marbre. Un rapide examen me permet de découvrir qu'il a pris un terrific coup de goume à la nuque. Il se sera fait torcher par un des sbires de feu Barnes tandis qu'il rôdaillait autour de la maison pour tenter de voir si je m'y trouvais. Si le docteur avait eu l'opportunité de « l'interroger », il aurait appris qui j'étais et ne serait pas revenu sur la question avec moi. Pourvu qu'ils ne lui aient pas carbonisé les cervicales ! Lorsque j'ai demandé s'il était mort, le médecin ne m'a-t-il pas répondu « pas encore » ?

Je n'ose palper la blessure. Que faire pour lui porter assistance ? Mander une ambulance et l'expédier à l'hosto ? Mes yeux se posent délicatement sur un appareil téléphonique. Il trône, noir et luisant, au milieu d'un bureau métallique. Des annuaires téléphoniques rangés sur un rayon m'engagent à rameuter les autorités et le corps hospitalier. Seulement je viens de refroidir Barnes. Accidentellement, certes, mais il n'est pas moins vrai qu'il vient de trépasser à cause de moi. Si les perdreaux britiches se la ramènent, je vais être bon pour un bout de moment dans le bouillon Kub, espère.

Et puis quoi, soyons pratiques : Gude est naze ou pas. S'il a les vertèbres émiettées, personne ne peut plus rien pour lui. S'il est seulement traumatisé, il récupérera tout seul. Les plaies au cigare, les concierges du monde entier, te le diront, c'est « ou tout l'un ou tout l'autre ».

Alors bon, je décide de non-assister mon prochain et d'examiner d'un peu plus près le vaste labo.

Il ressemble confusément, pour ne pas dire vaguement, à la chambre des machines d'un paquebot. Une chambre des machines où tout serait blanc, propre, chromé, laqué. Il y a ces espèces de poumons d'acier verticaux hérissés de tuyaux et de cadrans, de manettes, de soupapes, de thermostats et autres bordelleries techniques. De gros tuyaux, façon turbines, courent au sol ou au plafond. Le tout fait assez Beaubourg d'esprit.

Près de chaque poumon, se trouve un cadran d'ordinateur sur lequel passent et repassent des chiffres, des formules, des graphiques en vert, orange ou violet.

C'est plutôt chatoyant pour l'œil si ça reste incompréhensible pour mon intelligence pourtant nettement au-dessus de la moyenne[1].

Maintenant, que je t'en bonnisse un peu plus dans la décrivance de ces engins. Ils sont pourvus d'une porte à la forme arrondie sur laquelle de chacune (comme dirait le Gros) on a pochoiré un chiffre noir.

L'appareil est animé d'une vibration légère, qui elle-même crée un bruit. Cela fait comme un rasoir électrique en action. Un zonzonnement, un frisson…

Je me trouve devant le bidule marqué « 4 ». Ma tentation est vive d'actionner le poussoir d'ouverture. Mais ne risqué-je pas, ce faisant (comme on cause dans le grand monde), de déclencher une monstre foirade quelque part ? Tout paraît tellement minutieux dans ce labo, tellement réglé au poil de zob !

Je suis dans la situasse de la gonzesse à Barbe Bleue qui possédait la clé de l'armoire mais ne devait l'ouvrir sous aucun prétexte. Tu le sais : sa curiosité l'emporta et ce fut la grosse béchamel.

Que ferais-tu à ma place, l'aminche ? Tu délourderais ? Vraiment ? T'as pas peur que je crée la mouscaille ? Tu t'en branles parce que c'est moi qu'elle concernerait, moi seul ? Merci, c'est gentil. Note que si j'ouvrais pas, je me sentirais bon à lape.

Alors, crac ! c'est parti. Déterminé, le drôle ! Tu me verrais, sérieux, décidé, précis. Un expert-comptable

1. Il arrive que mes contemporains chopent le torticolis ou le vertige, parfois les deux, lorsqu'ils la contemplent trop longuement.

San-A.

prenant son quatre-heures dans le coffiot où il le tient au frais.

La porte en demi-cylindre se déclenche. Un système exprès la fait s'écarter. Je recule, pas la prendre dans le minois. Tout de suite, ou presque, je réalise qu'il y en a une deuxième derrière. En verre, celle-là. Un verre épais qui forme loupe, biscotte son cintrage.

Ce que je vois décrocherait ton dentier, briserait la sangle de ton bandage herniaire, fausserait ta minerve, lézarderait ta jambe articulée, dégoupillerait ton pontage et ferait éclater les deux balles de ping-pong qu'on t'a collées comme prothèse pour remplacer tes couilles charançonnées.

Parce que ce que je vois est si horrible que ça me flanque envie de gerbasser sur mes pompes et de licebroquer dans mes hardes.

J'en ai vu d'autres, dis-tu ?

Certes.

Mais des pires ? Faudra que je rebrousse chemin dans mes histoires, que je les répertorie fond en comble. Mesure leur degré d'affreur, de terriblerie, d'épouvantance. Ce que je visionne à travers le verre bombé, c'est un homme, tu t'en doutes bien déjà, malin comme je t'ai enseigné à l'être. L'horreur, la peur, le chagrin ou l'amour, y a que l'homme pour les inspirer. Le reste est gnognotte, pacote, masque de carnaval. Un animal *very* féroce, qu'il soit fauve écumant ou serpent archivenimeux, insecte préhistorique ou requin hommenivore, t'en fais ton blaud avec un peu de cran. Tu l'assumes ou le tues. Mais un homme ? Un être ? Un individu ? Il te panique parce qu'il s'agit de toi et que t'en es conscient obscurément. C'est toi qui te grimaces ou te souris par les lèvres et les dents d'un autre. Si bien que tu bandes ou glaglates devant un miroir dressé. L'accidenté crucifié sur la route dans une « mare de sang », c'est toi. Le sublime jeune premier qui roule une pelle bien somptueuse à une déesse hollywoodienne, c'est encore toi. De même que le lépreux dont les chairs partent en lambeaux, ou que mister Rambo, haut flingueur de Jaunes, de Russes et de tout-ce-qui-bronche : toi ! Partout ! Multiforme, multiface, multifesses. Toi ! Vivant ou mort, ou en crevaison perfide : toi. Rutilant ou déchiqueté : toi. Roi, con, martyr, athlète, artiste, génie, scrofuleux, milliardaire, gréviste, vérolé, président, assassin, saint, cocu, tringleur, pédale, enfoiré, cardinal, tête-de-nœud : immensément toi. Toi en moi ! En Mitterrand[1], en Louis Pasteur, en Napoléon, en chair, en os, en vers (et contre tout), en Pythagore, en Zapata, en Zavatta, en prime : toi ! Toi et moi, toi en émoi ! Toit aime oie ! Crache ! Crache-toi un bon coup, bordel ! Tu vas t'étouffer de toi-même, gueux ! T'énucléer à force de t'admirer en tout le monde ! Défèque-toi, je te conjure !

Vision d'outre-tombe qui impressionne ma mémoire pour mon éternité.

Voilà, faut que je dise. T'attends trop fort. Je te chicane dans des retarderies injustifiées. T'as droit à la vérité malgré ta connerie. Faut rester civique, même que t'es le plus grand romancier de ton village voire le vice-plus grand.

1. Ancien président de la République française à la fin du siècle dernier.
Larousse

Magine-toi un vieillard minuscule et tellement vieillard qu'il a dû attendre vachement longtemps pour en arriver là. Une patience pareille, youyouille ! Y a que Mathusalem. Et encore : je me demande si mon vis-à-vis n'a pas passé le cap des 969 balais, lui !

Il est attaché, nu, par des sangles, à la paroi de la capsule. Une espèce de minerve fixée à la cloison lui tient la tronche rigoureusement immobile. Bon, jusque-là ça boume, tu supportes. Alors contrôle-toi, Eloi, et passons à la suite. La suite, j'suis navré de te l'apprendre, c'est qu'on l'a décalotté, l'ancêtre. Bien proprement. Barnes lui a découpé la boîte crânienne un peu au-dessus des sourcils et des oreilles. T'es en prise directe avec son fourbi tronchard : ses pédoncules cérébraux, son bulbe, son cervelet, sa moelle épinière, ses douze paires de nerfs crâniens et le reste. Des fils minuscules sont branchés dans tous les secteurs de son cerveau. Des tuyaux sont enquillés dans ses narines, on lui a pratiqué une trachéotomie, et puis encore des foules de choses que je réalise pas d'emblée mais que je sens grouiller.

C'est onirique, fou, constipant, flanqueur ! Oui, voilà le mot que je cherchais : flanqueur. J'ignore ce qu'il signifie, mais, crois-moi, il convient pile ! T'aurais beau te fouiller les méninges, tu ne trouveras pas mieux.

A propos de méninges, celles du vieux, en vitrine, m'assaillent durement la bile. J'ai le pancréas qui tire-bouchonne, le foie en recroquevillance et l'estom' comme un pébroque roulé. Le plus apocalyptique de l'affaire, c'est que le malheureux est conscient. T'entends, Fernand ? Il me voit ! Ses yeux sont fixes et menus, éblouis aussi, mais le regard qui s'en dégage perçoit parfaitement.

Oh ! l'effroyable, l'insoutenable vision ! Que faire ? Quel signe adresser à cet être torturé ? pourtant, il le faut bien. Cet homme, c'est moi, je te l'ai dit plus haut. A quels sentiments réagit-il encore ?

Je domine mon effroi pour lui proposer un sourire blafard. Puis un geste apaisant de la main. Une autre idée me vient. Je vais ramasser le cadavre de Barnes, le traîne devant la porte de verre cintrée. Est-il encore perméable à l'esprit de vengeance, cet être de laboratoire qui ne vit plus que par un faisceau de pulsions électriques, d'injections de produits chimiques ? Rien ne passe dans son regard figé.

Alors je repose Barnes au sol et m'écarte de cette espèce de capsule que j'appelais naguère un poumon d'acier.

Dois-je ouvrir une seconde porte ? A quoi bon ? Si, tu penses vraiment ? Bon, mais c'est bien pour te faire plaisir. La capsule nº 3 est vide. La 5 contient un autre vieillard dans le même appareillage que le précédent. La boîte crânienne béante. Le cerveau, toute cette fabuleuse et écœurante charognerie de merde qui nous rend pensants et agissants. Là, j'ai pas le courage. Je relourde. Ça suffit ! Je peux plus. Je vais craquer.

En chancelant, je m'approche du bigophone.

Un mal de *dog* à obtenir Mathias. Ça relaye duraille avant que mes trompes se pâment aux inflexions du Rouillé. Mais enfin je finis par l'avoir, l'inséminateur naturel, celui qui procrée à marche forcée en compagnie d'une épousâtre grinçante, déformée par ses incessantes pondaisons.

Essoufflé, il est, le Coquelicot.

— Ah ! commissaire ! Si vous saviez !

Préambule dont il est incoutumier, le savant. Toujours calmos, Mathias. Le contrôle du self, généralement avec le panard sur la pédale du frein.

Il change de registre pour demander :

— Où êtes-vous ?

Tant tellement il me souhaiterait à portée.

— En enfer, j'y rétorque.

— Moi aussi ! il exclame, troublé par la coïncidence.

— Donc, les choses ont progressé ?

— Elles sont résolues, voulez-vous dire !

— A savoir ?

— Que tout notre petit monde a avoué : les Manzardin et Astrid Inkermann, la collaboratrice de Skinézi. Vous avez mis le pied dans une histoire abominable. Autour de moi, tout le monde dégueule, si vous me passez l'expression.

— Je t'écoute, et narre bien surtout car j'aime les vraies histoires, celles qui ont un début, un développement et une fin !

— D'abord, vous prendre les choses à leur origine.

— Bravo.

— Le père de René-Louis Blérot était avocat. Il a eu un jour pour client le docteur Skinézi, voici une vingtaine d'années. Affaire trouble : un de ses clients était décédé dans des circonstances bizarres et la famille avait porté le deuil dans tous les sens du terme[1]. Le talent de maître Blérot le sortit de ce mauvais pas et les deux hommes devinrent amis. Plus tard, Skinézi eut l'occasion de témoigner sa gratitude à son avocat. Le fils de ce dernier, dévié sexuel, fut arrêté pour tentative de viol sur la personne d'un gamin. Le médecin témoigna que le jeune homme ne jouissait pas de toutes ses facultés et lui épargna la prison.

— Passe-moi la rhubarbe, ricané-je, je te passerai le séné !

En père turbable, Mathias poursuit :

— Skinézi est un chercheur. Chez certaines gens de sa trempe, on ignore où s'arrête le génie et ou commence la folie. Savez-vous sur quoi portent ses travaux, commissaire ?

— Gériatrie ?

— En effet. En compagnie d'un savant anglais...

— Nommé Barnes, coupé-je.

Le Rouquemoute est stoppé dans son envol de gerfaut.

— Vous savez cela, patron ?

— Je t'appelle de chez lui. En même temps, je t'annonce son décès.

Pelléas est Médusé !

Ça lui prouve bien qu'avec l'Antonio du siècle, faut s'attendre à tout. Il déglutit, inglutit, mouche à blanc, gémit, puis retrouve un ton potable pour continuer son récit :

— Je ne sais trop comment Blérot a fait la connaissance de Catherine Mahékian. Il semblerait que ce soit aux Beaux-Arts que Blérot a fréquentés quelque temps.

1. En argot « porter le deuil » signifie porter plainte.

Comment se sont-ils découvert un penchant commun pour le sadisme ? Comment sont-ils passés aux débordements les plus éhontés ? Vous l'établirez sans doute. Toujours est-il qu'ils se sont mis à faire équipe dans le vice. Ont-ils été téléguidés par Skinézi ? Je serais tenté de le croire puisque c'est à lui, et à lui seul, que leurs crimes monstrueux profitaient.

— A lui et à son cher confrère Barnes, rectifié-je.

— Je vois que vous en savez aussi long que moi, commissaire ?

— Presque. Ensuite ?

— Le couple torturait les garçonnets qu'ils enlevaient. Ensuite, lorsque leurs victimes étaient agonisantes, ils les conduisaient chez les Manzardin.

— Qui les passaient au broyeur pour en faire de la pâtée à chiens !

— Mais auparavant, Skinézi ou Astrid Inkermann venait prélever leur cerveau destiné à leurs expériences. Car ces médecins de l'enfer…

— Très heureuse définition, l'interromps-je, admiratif, étant grand amateur de vieux clichés que, plus ils sont éculés et grotesques, plus ils humectent la partie antérieure de mon slip.

Il répète, avec cette inexorable obstination des politiciens que les contradicteurs ne troublent jamais :

— Car ces médecins de l'enfer sont parvenus à greffer des cerveaux d'enfants à des vieillards à bout de sénilité.

— Je sais, Mathias : j'en ai devant moi au moment où tu me parles !

— Moi aussi, commissaire ! On leur a ôté la partie supérieure de la boîte crânienne, et…

— Pas de radioreportage puisque je te dis que je vois !

« Dis-moi, nous savons comment ils se procuraient les cerveaux neufs, mais comment procédaient-ils pour les vieillards cobayes ? La maison de retraite de *Val Chanté* ? »

— Exactement. Skinézi étudiait les dossiers des admissibles et, dans quatre-vingts pour cent des cas, choisissait des vieillards sans famille, ce qui lui valait une réputation de toubib au grand cœur. Il en transférait à son domicile, au gré de ses « besoins », si j'ose user d'un tel mot ! Il les utilisait pour ses expériences. Quand le patient défuntait, personne ne lui demandait de comptes et on l'enterrait le plus légalement du monde.

— Dis-moi, il refilait des cerveaux à son homologue britannique, n'est-ce pas ?

— En effet. Il les lui portait dans un caisson frigorifique, à bord de son petit avion personnel, car le pilotage était son hobby.

— Tu as eu des nouvelles de Catherine Mahékian ?

— Astrid a fini par lâcher le morceau, oui.

— Ils l'ont butée et enterrée, n'est-ce pas ?

— La nuit dernière, dans les étangs de Hollande. Quand ils ont su qu'elle était démasquée, ils ont pris peur et ont décidé de la neutraliser immédiatement.

— Charmantes gens. L'esprit de décision ne leur manquait pas ! Bien, maintenant, tu vas me rendre un service, Rouillé.

— A votre disposition, patron.

— Tu vas appeler la demeure du docteur Barnes dans la banlieue de Southampton. Tu obtiendras le numéro par les renseignements internationaux car, bien que je m'y trouve, je n'ai pas celui de sa résidence. Tu demanderas à parler aux assistants du toubib. Tu leur diras que tu es un collaborateur de Skinézi, que tout est découvert, que la police française occupe son laboratoire et qu'elle vient d'alerter la police britannique pour l'inviter à investir celui de Barnes. Conseille-leur de fuir immédiatement sans s'occuper des opérés. Compris ?

— Comptez sur moi, commissaire.

— Merci. A part ce conte de fées, Béru, la Pine, ça va ?

— Au mieux. Pinaud dort dans ma voiture et Béru a annoncé qu'il allait faire l'amour à je ne sais quelle pharmacienne en chômage, pour se détendre après cette folle nuit.

— Il a raison : une fatigue peut en cacher une autre, Rouquin. Salut !

Il agit dans les « meilleurs délais », comme l'on écrit sur les lettres d'affaires, car, cinq broquilles après que j'ai raccroché, le biniou intérieur grelotte. Je dégoupille et une voix haletante me virgule :

— Vite, docteur Barnes, on nous prévient que la police est en route !

— Laissez-la arriver, mes gars, je riposte, et puis ne m'appelez pas docteur Barnes car il vient de mourir.

Putain, ce sursaut ! Silencieux ! Oui : un sursaut silencieux, et alors ? Si t'es pas content, il doit rester deux œufs dans mon frigo, tu peux aller te les faire cuire. Donc, mon terlocuteur a un sursaut silencieux avant de raccrocher bruyamment.

Tu veux parier que d'ici un peu plus de pas longtemps la voie sera libre ?

C'est le moment que choisit Stanislas Gude pour soupirer et relever ses stores.

FAIS-MOI UNE FIN

Il a loué une Ford machin. Je la reconnais, stationnée à deux cents mètres de la maison, grâce au petit écusson « Avis » collé sur le pare-brise. Comme les clés que j'ai trouvées sur Gude s'adaptent aux portières et au contacteur, le doute n'est pas permis. J'y porte mon vaillant pote, à demi conscient, et l'allonge sur la banquette arrière. Ensuite de quoi, je mets le cap sur le motel où m'attend (bien malgré elle) la ravissante Mary (à prononcer Méré de toute urgence si tu veux pas avoir l'air d'un branque).

Elle est à peu près réveillée, la douce enfant. J'ôte son bâillon de Bayonne et lui bassine le front et les tempes avec un linge humecté.

— J'espère que vous êtes en forme, ma chère petite ?

Elle pose sur moi un sublime regard, ineffrayé, sans haine, mais bourré jusqu'aux sourcils d'une incoercible curiosité.

— Que me voulez-vous ? murmure-t-elle.

— Que voilà donc une question pertinente, ma

chérie. Ce que je veux ? Une conversation utile avec vous, simplement.

— Sur quel sujet ?

— Docteur Skinézi, l'associé de votre glorieux père.

— Je le connais peu, c'est plutôt à *daddy* que vous devriez parler.

— Je viens d'essayer, mais votre cher papa est d'une discrétion exacerbée.

— Alors pourquoi voulez-vous que je vous en parle, moi ?

Je lui souris, me penche et lui vole un baiser. Vol facile car elle n'oppose aucune résistance. Conviens que, même ligotée, une fille peut refuser un bisou de ce calibre ? Lui suffit de serrer lèvres et dents et de secouer la tête. Mary, foin ! Je lui vote une pelle diaboliquement sensuelle, avec prise d'appui linguale sur cette muqueuse richement vascularisée que les profanes nomment « gencive », et elle adhère en entrouvrant la bouche.

Mon baiser s'épanouit, investit, s'installe.

Mes nombreuses plongées sous-marines m'ont appris à respirer entre parenthèses au cours de ces prouesses intimes, ce qui m'assure une autonomie comme seuls peuvent s'en permettre quelques sous-marins nucléaires.

Après quatre minutes vingt-deux de ce lèvres-à-lèvres, je me décide à répondre à sa question :

— Je suis persuadé que vous, vous me répondrez, Mary. Car je ne vous suis pas antipathique et aussi parce que vous tenez à la sécurité du docteur Barnes.

— En quoi est-elle menacée ?

— Connaissez-vous la nature des expériences auxquelles il se livre ?

— Plus ou moins.

— Je crains que ce soit moins que plus.

— Père est gérontologue.

— Et il procède à des greffes de cerveaux ?

— Peut-être. En quoi est-ce mal ?

— En soi, c'est certainement passionnant ; ce qui l'est moins, c'est la façon dont il recrute ses patients et dont il se procure les cerveaux.

Un temps. Je promène mon incorrigible dextre sur sa ferme poitrine.

— Etes-vous documentée là-dessus ?

— Je crois savoir que Skinézi…

— Gagné ! Mais avez-vous une idée sur la manière dont Skinézi assure la matière première ?

— Non.

— C'est là que tout se gâte et par là que le scandale va éclater.

— Vous l'avez dit à mon père ?

— Il ne m'a pas laissé parler.

— Pourquoi m'avez-vous enlevée ?

— Pour avoir barre sur lui. Mais il est resté intraitable.

Un voile, comme on dit puis en littérature d'amateur, passe dans son regard. Elle est surprise, vaguement incrédule.

— Qui êtes-vous ?

— Un homme hautement qualifié, bien sous tous les rapports, principalement les rapports sexuels, épris de justice et qui consacre sa vie à châtier les vilains comme le docteur Skinézi. J'entends lui mettre la main dessus d'urgence et je considère que vous pouvez m'aider. Il a quitté votre maison en quatrième vitesse tout à l'heure ; quelqu'un m'a seulement dit qu'il se rendait à Londres. Alors, voici le marché que je vous propose, Mary d'amour : ou bien vous me fournissez les indications susceptibles de me le faire retrouver et je m'écrase avec les expériences de votre vieux, ou bien vous refusez et j'appelle la police devant vous pour déclencher le gros bidule. Si vous me répondez que vous ne savez rien, je me range à la seconde décision. Vous pigez ?

— Oui, mais malheureusement — ou heureusement — j'ignore où il peut se trouver.

— O.K., donc vous optez pour mon coup de fil aux flics.

Avec une promptitude et une froideur qui la laissent pantoise, je marche à l'appareil mural et décroche le combiné. Dans le bungalow, le biniou n'est pas autonome. Faut passer par le standard de la mère Tate-me pour avoir une communication.

La vieillasse me fait des effets de glotte :

— Oui, Sir ? Et qu'y a-t-il pour votre service ?

— Pouvez-vous me demander la police de Southampton, *dear mistress ?*

— La police ! elle s'alarme (à l'œil). Auriez-vous un ennui ?

D'ordinaire, y a que ceux qui sont à l'armée qui s'alarment. Je la rassure :

— Nullement, *dear mistress,* je souhaite seulement prendre contact avec un de mes bonzes amis.

Je patiente en sifflotant, sans jeter le moindre bout

de regard à Mary. Partie de bras de Defferre, comme dit Edmonde.

— Voilà, vous l'avez ! m'annonce mistress Branlett.

— Merci.

— Hello ! je lance ; la police ?

— Qui demandez-vous ?

— Je voudrais parler au surintendant Fouket's.

Mon interloc est interloqué.

— Mais il n'y a pas de…

— Alors à son adjoint. Vite ! Affaire de la plus haute gravité.

— Qui êtes-vous ?

— Je le dirai à votre chef !

— Attendez, je vais voir…

— O.K. !

Vachement péremptoire, l'Antonio, je voudrais que t'esgourdes. Tranchant. Bing ! Bong ! Tchlaof ! Onc ne peut résister. Le subjugueur-né, quoi ! Un don !

— Laissez !

Ai-je bien ouï ? Oui : j'ouïs bien ! Mary. Furtive. Décision ultime. In extre*miss*. Plus fort qu'elle. Une cédation contre son vrai gré. La voix de l'oraison, comme disait Bossuet.

Je volte, la mate.

— Pardon ?

— Je vais essayer de vous aider. Raccrochez !

Pile, à cet instant, une voix épaisse comme un flan espagnol retentit :

— Ici le chef inspecteur Nelson Barrett, de quoi s'agit-il ?

Bon, je repose le combiné. Retourne au lit bas et m'assois contre les cuisses sublimes de Mary.

— Allez-y, mon petit cœur, j'ai les oreilles si grandes ouvertes que ça crée un courant d'air dans ma tête.

— Ma tante Virginia, la sœur de ma mère, tient une pension de famille dans Bloomsbury Street, au 818. Je sais que le docteur Skinézi y a logé à plusieurs reprises déjà.

— Ça restera entre nous, promets-je.

J'ai les yeux, les mains, le slip plein d'ardentes convoitances. Je pense à Bérurier-le-Vaillant qui est en train de s'embourber notre pharmacienne congédiée. J'ai idée qu'elle va changer de boulot, la gentille. Faire des heures supplémentaires en veux-tu, en voilage. Surtout que ça se chuchote, ces bonnes choses-là ; y aura une cohorte de tireurs de coups, bientôt, qui rappliquera chez elle. C'est une femme gentille et faible qui ne sait pas dire « non ». La dame qui ne sait pas dire « non », de nos jours, elle a plus le temps de s'asseoir, ou alors sur des gros mandrins poilus. Va en prendre plein son pot de potarde, je te parie n'importe quoi contre tout le reste !

Pourquoi est-ce la bonne grosse touilleuse d'onguents que j'évoque en promenant mon désir sur la somptueuse académie de Mary ? On est bizarroïdes, nous autres bonshommes. Toujours à côté de nos pompes ou de nos culs. A fantasmer plein tube.

— Il faut que je vous laisse, Mary.

— Vous allez me délivrer, dites donc ! regimbe-t-elle.

— Plus tard, ma belle. Quand j'aurai récupéré Skinézi.

— Vous n'allez pas me laisser toute seule dans cette cabane ! Ligotée ! Je…

— Quelqu'un vous tiendra compagnie. Un homme charmant, du monde !

Et je sors chercher Gude.

Bloomsbury Street, à la nuit tombée ; on peut pas dire que ça soit sinistros, pourtant c'est pas là-bas que j'irais soigner mes dépressions nerveuses s'il m'arrivait de moroser. Des maisons toutes pareilles, ou presque. Un éclairage pour film policier américain des années 30. Un taxi dans lequel se sont usées deux générations de pantalons rayés m'arrête devant le 818. C'est une maison de trois étages, protégée par une grille noire. Un bref escalier mène à la porte d'entrée, un autre, plus étroit, livre accès au sous-sol où des gens vivotent au-dessous du niveau de la rue. Façade de briques jaunasses. Encadrements de fenêtres dépeints par les intempéries… Les rideaux tirés jugulent la lumière.

Brève hésitance du commissaire.

Tout de même, je me décide à gravir les huit marches du perron. La porte est peinte en noir. Ça paraît tout frais. Y a que ça qui ait l'air neuf dans la façade fatiguée. Et encore, faut que ça soit *black* ! Tu parles d'une joie !

C'est une dame de couleur qui vient délourder. Grosse et vioque. Pas la *Case de l'Oncle Tom*, pas le riz de l'Oncle Ben, plutôt du gris asiatique ; du gris safrané. Elle est borgne, ce qui n'a jamais empêché quelqu'un de passer l'aspirateur et de faire les lits. Cheveux gris. Tenue classique : noire et blanche. On devine la maison de tradition chez tante Virginia. Des odeurs de haddock s'attardent encore dans le rez-de-chaussée, bien que le lunch soit expédié depuis lurette. La loi du lunch, ici, elle est sacrée, je t'avertis.

La grosse femme de chambre (pour l'instant femme de hall) m'enveloppe d'un regard cyclopique mais bienveillant, car elle a un faible pour les beaux garçons [1].

Le sourire dont je la remercie ferait fondre le Spitzberg.

— Des amis à moi m'ont recommandé votre pension, madame, pourrais-je avoir une chambre ?

— Je vais demander à mistress Simplecon, dit-elle en s'effaçant à l'aide d'un pinceau chargé de typex.

J'entre dans l'intérieur le plus anglais qui se puisse imaginer. Plus britiche que ça, tu fous le feu à Buckingham Palace en représailles.

La femme de hall s'en va prévenir tantine et icelle se pointe dans toute sa majesté.

Figure-toi *the queen* d'Angleterre en auburn, avec un peigne andalou dans le chignon, un collier de chien pour remonter ses fanons, une poitrine entassée dans deux havresacs jumelés, un fessier large comme l'entrée de Westminster Abbaye, des panards kif celui de Berthe au Grand Pied (mais en double) et surtout le maquillage le plus surprenant qu'il m'ait été donné

1. Sois sans crainte pour mes chevilles, je porte des brodequins montants.

San-A.

d'admirer depuis je ne sais plus quel film de Fellini. Son rouge à lèvres est orange, son bleu à z'yeux vert, sa poudre de riz grise, et des mouches (à merde si j'en crois leurs dimensions) constellent ses joues et son triple menton.

Elle me coule une œillade rêveuse de vache assistant au passage du Trans-Orient-Express. Des nostalgies encore vivaces poignent ses glandes usées.

— Il paraîtrait que vous souhaiteriez une chambre dans mon établissement ? articule le personnage avec la pompe que met l'huissier de Old Bailey à annoncer l'entrée de la Cour.

— Ce serait un grand honneur pour moi, madame.

— Vous n'êtes pas britannique, n'est-ce pas ? rechigne-t-elle déjà, considérant, ainsi que tous ses compatriotes, qu'un non-britannique se situe certes dans la classe des mammifères mais dans un ordre indécis entre les primates et les monotrèmes.

— Je suis suisse, milady.

Un peu d'indulgence rallume sa prunelle atoniée.

— Les Suisses sont propres, convient la dame.

Je la laisse méditer sur cette vérité qui a fait autant pour la gloire helvétique que l'horlogerie de précision ou la maison Nestlé.

Elle finit par soupirer :

— Où sont vos bagages ?

— Ils doivent arriver par un vol de demain car il s'est produit une fâcheuse erreur à l'enregistrement.

— Vous allez dormir comment ?

Sa question m'à-brûle-pourpointe. Surtout que je n'avise pas de lui répondre que je vais me coucher nu dans ses draps sacrés car j'encourrais ses foudres.

— A demi vêtu, madame, car je n'ai plus l'opportunité de m'acheter des vêtements de nuit.

Sa mansuétude se met à ruisseler comme d'un robinet dont le joint vient de péter.

— Je vais vous en trouver un de mon défunt mari et vous le prêterai pour la nuit.

— Votre bonté est grande, madame. Je vous enverrai quelques kilogrammes de chocolat Lindt sitôt rentré, pour vous marquer ma gratitude.

Elle a un râle de poitrine, un battement de ses longs cils fluorescents ; puis elle me prend le bras comme elle ferait avec un vieil amant devenu vieil ami pour fait de cessation de bandaison.

— Allons visiter votre chambrette. Aimez-vous la cretonne à fleurs ?

— Plus que tout au monde.

— Désirez-vous aller dormir tout de suite ou voulez-vous regarder la télévision au salon avec ces messieurs-dames ? Ce soir ; on donne une très belle dramatique : *La Mission héroïque du Docteur Wattferfoot.*

— Eh bien, j'ai eu une journée éprouvante et je souhaiterais me reposer.

— Comme il vous plaira, monsieur ?… Heu ?…

— Albéric Foiridon, milady.

La pièce est de dimension modeste, mais très confortable et meublée avec goût. La salle de bains se trouve au bout du couloir, ce qui est pratique pour faire son footinge.

— Je vous apporte le pyjama promis, roucoule la taulière.

Elle s'envole, les pans de son déshabillé vaporeux

flottent gracieusement de ses part et d'autre, répandant à la ronde les effluves opiacés de son terrible parfum de vieille radasse.

La grosse doudoune colorée s'amène pour préparer mon pageot. Je me hâte de lui refiler un kilo de mornifle[1]. Elle me remercie chaleureusement.

— Je suis bien contente que Madame elle vous ait loué une chambre. Elle loue pas à n'importe qui.

— C'est une pension très sélecte, n'est-ce pas ?

— Oh ! là là ! très, je comprends !

— Des habitués, je suppose ?

— Beaucoup. Tous des gens bien : des veuves d'officier, des administrateurs à la retraite, des docteurs en voyage, des pasteurs…

— Des docteurs, dites-vous ? C'est intéressant pour le cas où l'on tomberait malade. Il y en a en ce moment ?

— Oui, deux. Le docteur Mortimer, mais il est gâteux et il croit que le foie se trouve derrière les poumons. Et puis le docteur Skinézi qu'est arrivé aujourd'hui.

Tu sais comme j'aime l'adagio d'Albinoni ? Et le concerto pour deux mandolines de Vivaldi ? Et l'accordéon d'Yvette Horner ? Eh bien pour mes trompes d'Eustache, ces divines musiques ressemblent à l'écoulement d'une chasse d'eau patraque en comparaison des mots que me balance cette femme d'enfin chambre.

Gagné ! Il est là !

A portée de…

— Il est polonais, ce médecin ?

1. Soit deux livres, naturellement.

— Non, français. Mais c'est un Français très bien. Vous ferez sa connaissance demain au breakfast. Ce soir il est sorti et il rentrera tard.

Elle jacte… D'autre chose que je n'écoute pas.

Puis se retire. Telle la mer à marée basse. Ou comme un papa qui baise sans capote une maman sans stérilet. Et hop ! Gagné !

Moi, de fourbir mes armes, si je puis dire, pour l'assaut final. S'agit de pas le rater, Quentin Skinézi. Intervenir rapidos, avant qu'il n'apprenne mon arrivée à la pension Mimosette. Des fois qu'il pigerait que ce voyageur sans bagages inopinément débarqué n'est pas catholique, ni même anglican. Il est traqué, le renard. Aux aguets ! Pour l'enfumer dans son trou, ça va être coriace. Ce qui me perplexie particulièrement, c'est ce que je vais en fiche. Je n'ai aucune qualité pour l'arrêter. Même en sollicitant l'intervention du Yard, je risque de me ramasser. On est trop tributaire de la paperasse et des hiérarchies dans la Rousse, ce qui nous déconnecte, nous fait perdre quatre-vingt-quinze pour cent de notre efficacité. Alors ? Le buter ? Je sais bien que c'est un misérable. Pire : un monstre à éliminer. Un assassin de petits garçons. Mais de là à le suriner froidement… Le côté balle dans le bulbe, sans préliminaires, comme certaines dames sont saute au zob [1], c'est mal dans mes mœurs.

Toc toc toc, fait-on à ma lourde.

— Entrez ! dis-je dans la langue de Winston Churchill.

1. Quand je parle des « certaines » dames, c'est par galanterie.

San-A.

C'est tantine avec un pyje de son feu julot.

Toute remuante et caqueteuse, mistress Simplecon (se prononce siiimpl'conne). Excitée sur les bords. Dans trois minutes, son slip sera à essorer, la milady peinturluche.

Elle étale le vêtement de noye sur le paddock. Une vraie tenue de bagnard pour comédie burlesque. Rayé noir sur fond blanc, tu mords l'élégance ? Qu'en plus, il devait peser une chiée de quintaux, le fabricant de veuve. Et des quintaux anglais qui sont nettement plus lourds que les autres !

— Il me semble qu'il est un peu trop large pour vous, gazouille l'hirondelle bâclée. Ça me ferait plaisir que vous l'essayiez.

— Oh ! cela ira. Il vaut mieux trop large que trop étroit, milady.

— Tout de même, je voudrais me rendre compte. S'il y a un point à faire, je le ferai : j'adore la couture.

Comprenant qu'elle ne me lâchera pas les baskets avant que je lui aie donné satisfaction, je tombe la veste pour passer celle du pyjama. Tu filerais encore deux gonziers de mon gabarit là-dedans.

— C'est bien ce que je pensais : terriblement grand ! Mon pauvre Peter, sur la fin de ses jours, était devenu un véritable pachyderme.

Sa pitié se teinte de mépris. Probable qu'il avait le kangourou en cale sèche, le Peter au moment de larguer ses amarres. La rouquine devait se rattraper sur les pensionnaires car elle a l'air d'aimer les asperges. Une gloutonne du fion, je subodore. Ce sont des choses qu'un tringleur comme mézigueman enregistre d'entrée de jeu. Question d'effluves, de reflets dans les falots, aussi. Les vieilles chamelles en rut, je les retapisse cinq sur cinq !

— Faites-moi plaisir, essayez le pantalon, murmure la houri en état second.

— Inutile, je dors sans.

— Mais c'est indécent ! Chez moi, on met le pyjama en entier !

Elle allume en grand, Poupette ! C'est le brasier géant ! L'incendie de Chicago en super-remake.

Et moi, pas viceloque, mais curieux de mes semblables, je me dis qu'il serait farce de voir jusqu'où elle irait, cette jument à crinière rouge ! Tu crois qu'elle serait chiche de m'empalmer Popaul au détour de la converse ? Intéressant, non ? Je veux bien qu'on n'a pas le droit de jouer avec sa bitoune, vu que c'est le Seigneur qui nous l'a donnée pour en faire un usage précis et non pour la transformer en gadget, mais il est des expériences humaines qu'il faut tenter.

Alors, moi, tu vas voir…

Je contourne la grosse salope, j'ouvre la lourde de ma carrée, limiter le désastre pour si des fois elle tenterait de me violer. Que je puisse crier à l'aide ! Comme quoi : *Help ! Help ! Help !*

Et tout de suite, je tombe le bénoche. Tu veux également le slip, sorcière ? Ça te ferait une embellie bien suprême ? Ta joie de vivre ? Ton jubilé ? Tiens, ouvre tes vasistas !

Elle pétrifie, la mère. Impossible de déglutir. Qu'au contraire elle agglutine. Un regard qui lui déboule de l'ère tertiaire. Des lotos pour monstres antédiluviens. Qui voient mal, qui s'appesantissent comme deux truellées de ciment : tchlaoff ! tchlaoff !

Tu les prends dans la bouille.

Elle me mate le tromblon.

— *My God !* elle fervise. *Oh ! my God !*

Qu'en attendant, c'est moi qui gode. La fatigue, toujours !

— *Oh ! my God !*

Et mon braczif qui dodeline ! Fait le cou de tortue de mer !

— *Oh ! my God !*

On lui laisse palper, Virginia ? Souvenir, souvenir ! Des commaks, t'en as déjà tâté des commaks, dis, Blanche-Neige ?

Je déploie le pantoche du pyje. C'était réellement Jumbo, le gars Peter ! Pour l'enterrer, ils ont dû opérer en plusieurs fois ! Je vois mal comment on pourrait, sans bulldozer, arracher un cétacé de ce gabarit !

Je me marre devant ce pantalon rayé qui n'en finit pas de traîner sur le plancher. La mère *Touch me* continue d'invoquer le Seigneur en matant ma rapière admirable.

Et puis une toux dans le couloir la fait sursaillir. Elle jette un prompt regard.

— Oh ! bonjour, docteur Skinézi. Déjà de retour ?

Mon sang se met à bouillir. Le fumier a fait un pas de mieux et me visionne. Et plus que l'air malin, la douceur angevine, ton Sana. Cul nul, veste de pyjama démesurée. T'imagines le plaisant synopsis ? Moi, coursant un mec de France en Grande-Britannerie, cavalcadant par-dessus Manche et marée, butant, interrogeant, investissant, tout très bien. Et puis, au moment qu'enfin le gibier m'est à dispose, l'Antonio à loilpé, balloches au vent ! Y a qu'à moi ! Parole !

Nous échangeons un infini regard, le doc et bibi. On se dit tout dans cette formidable œillerée. Il réalise entièrement. Y compris l'avantage qu'il a, du fait que je sois nu.

Nous autres, humains, toujours tués par la ver gogne ! La pudeur nous a, nous gère. Comment réagis-je ? Le plus connement du monde : en m'efforçant d'enfiler le pantalon d'éléphant man. Déjà Skinézi s'éclipse.

Je bondis. Le futiau est trop large, je « m'empiage » dedans comme on disait de mon temps à Bourgoin-Jallieu. Manque de m'affaler. Je retrousse à poignée.

Le toubib est déjà dans la rue. Je saute par une *window* ouverte. Cette fois, c'en est trop : le pantalon de pyjama reste accroché, se déchire craaaaac ! Et me voici le cul à l'air dans Bloomsbury Street.

Tant pis ! Je fonce. Les rares passants s'immobilisent, foudroyés par l'ahurissement. Là-bas, une silhouette claire : mon toubib de l'enfer. Il a une manière bien à lui de fuir. Il ne court pas, non, il marche à toute allure, par étroites enjambées. Il a mis le petit développement et je te prie de croire qu'il est puissamment véloce.

Moi, heureusement, je n'ai plus de slip, mais j'ai conservé mes chaussures. Je me tape un sprint pour Jeux Olympiques. L'homme oblique dans une grande artère largement éclairée et plus fréquentée que cette rue. Je me dis que je n'irai pas loin commako. Un mec couilles à l'air dans London, ça ne fait pas sérieux. Des *bobbies* vont m'alpaguer recta, et même rectum ! Alors je force. Comptant sur la pénombre, la veste de pyjama très longue…

Tout en droppant, je me fais l'inventaire. Inscrivez zéro en bas de page ! Je n'ai ni fric, ni arme, ni papelards sur moi, et pour cause !

Et voilà-t-il pas que Skérazi hèle un taxoche en maraude. Le bahut stoppe à vingt mètres de lui, il s'y engouffre ! Je hurle :

— Non ! Stop ! Arrêtez !

Mais tiens : fume ! Le fichtre foutre s'empare de moi. J'arrive à l'hauteur d'un hôtel au moment où Lord Durhin descend de sa Rolls. Il se tourne pour aider sa belle princesse octogénaire à dégorger. Mais moi, d'une cabriole, je me précipilote au côté du chauffeur.

— Enfonce ! Et rattrape le taxi qui file, là-bas.

Il est médusé. Je lui flanque mon index et mon médius joints entre les côtes, comme s'il s'agissait du canon d'une arme.

— Vite, ou je tue !

Alors là, il débonde son carrosse, l'aminche ! Vraaa vrouam ! On déhotte. Lord Durhin tombe sur son cul pour ne pas avoir lâché la portière massive à temps. Sa lorde bascule de la banquette de cuir sur le plancher, quilles en l'air en gazouillant orfraie.

Sans me préoccuper d'elle, j'asticote le chauffeur :

— Mais appuie, bordel ! C'est une moissonneuse-batteuse que tu drives là, dis, esclave !

Il balance la sauce. Son bolide n'a pas l'habitude des surmenances avec les deux vieux fossiles qui s'y écaillent les meules. Pourtant, au second carrefour, le taxi que je course est stoppé à un feu rouge.

— Rentre-lui dans le fion ! beuglé-je. Vas-y plein pot, Johnny ! Plein pot !

Mais ce con, tu parles ! Il freine. Ma rogne ne

connaît plus de limites. Je lui virgule un coup de saton dans le mollet droit. Qu'ensuite, lorsque son paturon a libéré l'accélérateur, j'écrase le champignon. J'ai un gluck terrible. La Rolls bondit et enfonce l'arrière du taxi. Un char d'assaut pareil, bonjour les dégâts ! A l'intérieur du sapin, Skinézi est propulsé dans la vitre qui le sépare du chauffeur. Etourdi, il a pourtant le réflexe d'ouvrir la portière et de se jeter sur la chaussée.

Sonné, il s'enfuit entre les bagnoles stoppées, par sauts de kangourou qui se serait coincé la queue dans la fermeture Eclair de sa poche marsupiale.

Bibi, déjà dehors. J'ai arraché un plaid écossais soigneusement plié entre le chauffeur et moi. Me le noue, façon kilt, à la taille. Je m'élance (d'arrosage) sur les talons hésitants du docteur. Putain d'Adèle, cette poursuite infernale va-t-elle enfin prendre fin ? J'avance la main, je le touche déjà. Je sens la toile de son Burburry sous mes doigts.

C'est alors qu'il fait une volte-face. Il a un air terrible, le regard injecté de sang, la bouche tordue, comme dans les films d'épouvante, quand le gentil étudiant se mue en Jack the Killer. Il exécute un geste fulgurant et, aussitôt, je ressens une douleur brûlante. Ce salaud vient de m'enfiler un fort scalpel dans la viandasse, région du cœur, s'il vous plaît !

Dans un cas semblable, ou bien tu t'évanouis, ou bien tu te surpasses. Alors, devine ? Bon, tu as compris : je tiens le choc. Skinézi reprend sa fuite, il plonge dans une galerie marchande où des boutiques sont restées éclairées malgré leur fermeture.

Courage, Antoine ! Fonce ! En chancelant, je pénètre à mon tour dans le passage. Près de l'entrée, il y a un hall d'appareils à sous où des demi-sels londoniens malmènent des juke-boxes avec des airs sauvages de *dinamiteros* en train de se faire sauter à bord de leur bagnole piégée.

Un regard : plus de toubib. Pourtant, il n'a pas eu le temps matériel de parcourir la longueur de cette galerie ! Doit y avoir des portes d'immeubles qui donnent dedans.

J'entreprends l'inspection de cette voie couverte. Des passants pressés l'arpentent. Pas grand trèpe en réalité. Un vieux zig coiffé d'un chapeau haut de forme à poil promène une pancarte dans son dos. J'espère qu'il n'y a pas de cannibales dans le secteur car il est homme-sandwich. Ce qu'il prône, c'est la bière brune « Dark Star ». Le dessin représente une chope mousseuse qui me flanque soif.

Je me sens tout cloaqueux du dedans, tout bloqué du côté gauche. Dis : il m'a fait ma fête, Skinézi, on dirait ! Au lieu de continuer à le chercher, avec ce ya planté dans mon buffet, je ferais mieux de réclamer un médecin. M'est avis que ça urge. Qu'il se passe des trucs pas gentils dans mon intérieur ; les corps étrangers c'est mauvais pour les poumons. Ils renâclent dès que tu leur glisses dix centimètres d'acier dans le mou, ces glandeurs.

Une mollesse me biche. Je suis contraint de m'arrêter. Je m'adosse à un gros bloc métallique peint en rouge et constellé de photos. C'est un photomaton. Il fonctionne. J'entends les clinc… clinc… clinc… de l'appareil en exercice. Des éclairs éblouissants passent par-dessus le rideau. A moins que ma vue ne me joue des tours… Ça chamboule, tournique. Mes jambes cèdent. Je veux pas m'écrouler ! Dignité ! Self-control ! Respect humain ! La lyre… Connerie… J'appuie mon front contre la paroi fraîche de la cabine. Tout se brouille, puis redevient clair instantanément.

Un léger bruit, à l'aplomb de mon pif : les photos qui viennent de tomber, toutes fraîches, dans le compartiment en saillie chargé de les recueillir. Je rêve ou quoi ? Skinézi ! Sa bouille glaciale. Son regard de monstre ! Oui, de monstre, j'en rajoute pas, tu peux me croire, l'aminche ! Un regard comme t'en vois aux tortionnaires nazis regardant pendre une kyrielle de pauvres juifs décharnés.

Ma pensée enregistre : *il est là !* S'est planqué dans la cabine. L'a fait fonctionner pour donner le change. Mais il n'en est pas ressorti parce qu'il m'a vu entre les pans mal joints du rideau.

Je suis pris entre la chaleur de la réussite et le froid de la mort fichée dans ma poitrine.

« Il est là ! A cinquante centimètres de moi. » Lui, le manipuleur de vies ! L'odieux bricoleur de la nature ! Il est là. Tapi[1]. Et moi je suis démuni, défaillant, sans arme !

Sans arme ? Qu'est-ce à dire ? Et celle qui me tue et qui fouaille ma chair ? Je conjugue tout : courage, énergie, volonté, économies ; j'empoigne le manche noir du scalpel et je l'arrache de moi.

Il me semble que tout part avec : mon poumon, mon cœur, mon bras et des chiées d'autres trucs bien vivants.

La suite, petit ? Tu pourras la raconter un jour aux enfants que tes meilleurs amis auront faits à ta femme.

1. Comme dirait Bernard.

Ça les fera tenir tranquilles les jours où ta téloche sera en rade.

Santantonio ? Héroïque ! Superbe ! Suprême ! L'hagard demeure mais ne se rend pas. Il retient son souffle, l'Antonio. Se campe à la d'Artagnan. Se fend comme un bretteur chevronné. Tout son corps se disloque dans le mouvement. La lame ensanglantée du scalpel (à gâteau) crève la vilaine peluche anglaise (pouah !) du rideau. S'enfonce dans quelque chose d'assez dur, d'assez mou, d'assez…

Je m'écroule, vaincu par la suprêmité de mon nez fort, pardon : de mon effort.

Par-dessous le rideau, j'aperçois en contre-plongée le docteur Skinézi, la tête inclinée de côté. Le manche du scalpel sort de son œil crevé. Dommage : il a dû mourir sur le coup, sans se rendre compte de rien.

Rien de plus étrange que la mécanique. Par instants, elle paraît détenir une vie propre et échapper à la férule humaine. Voilà-t-il pas que l'appareil photographique se déclenche tout seul, sans l'introduction de pennies dans la fente ; *à l'œil*, si je peux ajouter malgré les circonstances.

Clinc… clinc… clinc… clinc…

Quatre éclairs illuminent le visage supplicié.

Le plaid vient de se détacher de ma taille et me voilà à nouveau la bite au vent.

On n'échappe pas à son destin !

FAIS-MOI UNE CONCLUSION

Béru, Pinaud, Mathias…

Ils causent ! Me gratulent ! Me demandent comment est-ce que je vais-je ; me racontent comment ils vont, eux ! Me montrent la une des grands baveux. La plus effroyable affaire de l'après-guerre. Petiot ? Un angelot ! Landru ? Une dame patronnesse !

Les Manzardin ont passé des aveux complets. La collaboratrice du doc aussi. Seize meurtres de garçonnets ! Les greffes du cerveau inabouties. Pas de survie qui dépassât huit jours. Aucune trace de conscience chez les patients.

Le cadavre de la Mahékian retrouvé près des nénuphars, ces plats à barbe aquatiques…

Béru arrive plus à se passer de la pharmacienne. Il la pine seize fois par jour ; lui amène des amis dans l'intervalle, en priant ceux-ci de laisser « un petit quelque chose » à la pauvre chère chômeuse. Paraît qu'au plan amoureux, elle fait des progrès à cul de géante.

Moi, je pense à la grande sœur ritale du pauvre petit Jérôme Couchetapiana. Faudra que j'allasse lui dire bonjour quand les toubibs me laisseront sortir de l'hosto où Europe-Insistance m'a rapatrié. Ou bien j'irai bouffer une pizza. Une romaine !

Mathias m'apprend que lui, il a une touche sérieuse avec Yvette Bonatout, la concierge de la rue de Rennes. Paraîtrait qu'elle suce à la perfection, pratique à laquelle Mme Mathias n'a jamais consenti, cette chochotte de mes deux !

Tout est bien. Ça baigne, la vie. Jusqu'à mon nouveau pote Stanislas Gude qui m'a avoué s'être embourbé la fille Barnes pendant que j'allais chasser le grand fauve dans les rues de London !

L'infirmière entre pour virer tout le monde. Paraîtrait que ça suffit comme ça, les visites. J'ai besoin de me refaire une santé.

Une fois mes potes jetés, elle se penche sur mon lit. Eblouissement ! Mes deux potes : *labourage* et *pâturage* sont bien là, à cru sous sa blouse bâillante. Elle me les déballe en plein pour que je puisse leur pratiquer un petit salut aux couleurs, la gosse ! Une brune capiteuse. Du sang espingo, je parierais. Attends que je puisse me remuer et tu verras ce boulot. Ça grincera dans les chaumières !

Quand je lui ai titillé les cabochons du bout de la menteuse, elle rengaine son matériel.

— Il y a une lettre pour vous, commissaire.

Elle va la prendre sur la tablette du radiateur et me la tend. Je reconnais sur la grande enveloppe l'écriture écolière de Toinet.

— Dois-je vous la décacheter ?

— S'il vous plaît, oui.

Elle sort deux feuillets qu'elle me présente. Un troisième, de modeste dimension, est agrafé aux deux autres. Je lis :

Mon Tonio,

Je croye que je sus douer pour écrire des flims pornos et je t'envoye ce nario, que je sus certain qu'on pourrait tourner avec un bidule bandant du tonnaire !

Lése-toi bien sogné, sans oubliyer de passé ta main sous la blouze de l'infirmiaire que j'é trouver vachment seksi.

Je t'ambrasse.

Toinet.

P.S. : J'ai vu la chatte de note boniche, hiaire matin, au moment qu'elle metté sa culote. Tré noir ! Tré, tré noir ! Portuguése, quoi !

Garnement !

Et dire que s'il ne m'avait pas parlé de ce sagouin de Blérot !…

En geignant, je me redresse un peu sur mon oreiller pour prendre connaissance du chef-d'œuvre que me soumet Toinet.

En voici le début :

Sa comanse dans la sale de bin. Toto est dans l'abbé noir. Il a juste la taite de son neu qu'ait sorti. Dessu, il a posé deu mouche qu'il lui a arachet les zailes. Les deux mouch se coure aprè. Toto a une trique come un batton d'agen. A ce moman, sa cousine Zézète rente dan la sale de bin, pou venir chécher sa culote don elle a mit saiché.

Je m'arrête de lire.

A quoi bon aller plus loin ? Toinet a compris le système. Il a réuni tous les ingrédients. Il sait l'essentiel.

Mais il ignore encore que la vie n'est pas une valeur sûre !

FIN

Un guide de lecture inédit élaboré par Raymond Milési

REMONTEZ LE FLEUVE AVEC LE COMMISSAIRE SAN-ANTONIO

La première aventure du commissaire San-Antonio est parue en 1949. Peu à peu, ce personnage au punch et à la sincérité extraordinaires a pris dans le cœur des lecteurs de tous âges une place si importante qu'on peut parler à son sujet de véritable *phénomène*. Qu'il s'agisse de son exceptionnel succès dans l'édition ou de l'enthousiasme qu'il provoque, on est en droit de le situer — et de loin — au premier rang des « héros littéraires » de notre pays.

1. Bibliographie des aventures de San-Antonio

A) La série

Jusqu'en 2002, la série était disponible dans une collection appelée « *San-Antonio* », abrégée en « **S-A** », **avec une numérotation qui ne tenait pas compte – pour une bonne partie – de l'ordre originel des parutions**.

La collection garde le même nom mais, à partir de 2003, **sa numérotation va respecter l'ordre chronologique**.

Dès lors, la bibliographie ci-après se consulte de la façon suivante :

- En tête apparaît le numéro « chronologique », celui qui figure sur chaque roman réimprimé *à partir de 2003*.
- Après le titre vient, entre parenthèses, la date de première publication.
- Puis est indiquée la collection d'origine (Spécial Police de 1950 à 1972 et **S-A avec l'ancienne numérotation** : reprises et originaux de 1973 à 2002).
- O.C. signale que le titre a été réédité dans les Œuvres Complètes, le numéro du tome étant précisé en chiffres romains.

1. **RÉGLEZ-LUI SON COMPTE** (1949)
   (S-A 107) – O.C. XXIV
2. **LAISSEZ TOMBER LA FILLE** (1950)
   Spécial-Police 11 – **(S-A 43)** – O.C. III
3. **LES SOURIS ONT LA PEAU TENDRE** (1951)
   Spécial-Police 19 – **(S-A 44)** – O.C. II
4. **MES HOMMAGES À LA DONZELLE** (1952)
   Spécial-Police 30 – **(S-A 45)** – O.C. X
5. **DU PLOMB DANS LES TRIPES** (1953)
   Spécial-Police 35 – **(S-A 47)** – O.C. XII
6. **DES DRAGÉES SANS BAPTÊME** (1953)
   Spécial-Police 38 – **(S-A 48)** – O.C. IV
7. **DES CLIENTES POUR LA MORGUE** (1953)
   Spécial-Police 40 – **(S-A 49)** – O.C. VI
8. **DESCENDEZ-LE À LA PROCHAINE** (1953)
   Spécial-Police 43 – **(S-A 50)** – O.C. VII

9. **PASSEZ-MOI LA JOCONDE** (1954)
Spécial-Police 48 – **(S-A 2)** – O.C. I
10. **SÉRÉNADE POUR UNE SOURIS DÉFUNTE** (1954)
Spécial-Police 52 – **(S-A 3)** – O.C. VIII
11. **RUE DES MACCHABÉES** (1954)
Spécial-Police 57 – **(S-A 4)** – O.C. VIII
12. **BAS LES PATTES !** (1954)
Spécial-Police 59 – **(S-A 51)** – O.C. XI
13. **DEUIL EXPRESS** (1954)
Spécial-Police 63 – **(S-A 53)** – O.C. IV
14. **J'AI BIEN L'HONNEUR DE VOUS BUTER** (1955)
Spécial-Police 67 – **(S-A 54)** – O.C. VIII
15. **C'EST MORT ET ÇA NE SAIT PAS** (1955)
Spécial-Police 71 – **(S-A 55)** – O.C. XIII
16. **MESSIEURS LES HOMMES** (1955)
Spécial-Police 76 – **(S-A 56)** – O.C. II
17. **DU MOURON À SE FAIRE** (1955)
Spécial-Police 81 – **(S-A 57)** – O.C. XV
18. **LE FIL À COUPER LE BEURRE** (1955)
Spécial-Police 85 – **(S-A 58)** – O.C. XI
19. **FAIS GAFFE À TES OS** (1956)
Spécial-Police 90 – **(S-A 59)** – O.C. III
20. **À TUE... ET À TOI** (1956)
Spécial-Police 93 – **(S-A 61)** – O.C. VI
21. **ÇA TOURNE AU VINAIGRE** (1956)
Spécial-Police 101 – **(S-A 62)** – O.C. IV
22. **LES DOIGTS DANS LE NEZ** (1956)
Spécial-Police 108 – **(S-A 63)** – O.C. VII
23. **AU SUIVANT DE CES MESSIEURS** (1957)
Spécial-Police 111 – **(S-A 65)** – O.C. IX
24. **DES GUEULES D'ENTERREMENT** (1957)
Spécial-Police 117 – **(S-A 66)** – O.C. IX
25. **LES ANGES SE FONT PLUMER** (1957)
Spécial-Police 123 – **(S-A 67)** – O.C. XII
26. **LA TOMBOLA DES VOYOUS** (1957)
Spécial-Police 129 – **(S-A 68)** – O.C. IV
27. **J'AI PEUR DES MOUCHES** (1957)
Spécial-Police 141 – **(S-A 70)** – O.C. I
28. **LE SECRET DE POLICHINELLE** (1958)
Spécial-Police 145 – **(S-A 71)** – O.C. III
29. **DU POULET AU MENU** (1958)
Spécial-Police 151 – **(S-A 72)** – O.C. V
30. **TU VAS TRINQUER, SAN-ANTONIO** (1958)
Spécial-Police 157 – **(S-A 40)** – O.C. V
(tout en pouvant se lire séparément, ces deux derniers romans constituent une même histoire en deux parties)
31. **EN LONG, EN LARGE ET EN TRAVERS** (1958)
Spécial-Police 163 – **(S-A 7)** – O.C. XIII
32. **LA VÉRITÉ EN SALADE** (1958)
Spécial-Police 173 – **(S-A 8)** – O.C. VI

33. **PRENEZ-EN DE LA GRAINE** (1959)
Spécial-Police 179 – **(S-A 73)** – O.C. II
34. **ON T'ENVERRA DU MONDE** (1959)
Spécial-Police 188 – **(S-A 74)** – O.C. VII
35. **SAN-ANTONIO MET LE PAQUET** (1959)
Spécial-Police 194 – **(S-A 76)** – O.C. IX
36. **ENTRE LA VIE ET LA MORGUE** (1959)
Spécial-Police 201 – **(S-A 77)** – O.C. IX
37. **TOUT LE PLAISIR EST POUR MOI** (1959)
Spécial-Police 207 – **(S-A 9)** – O.C. XIII
38. **DU SIROP POUR LES GUÊPES** (1960)
Spécial-Police 216 – **(S-A 5)** – O.C. II
39. **DU BRUT POUR LES BRUTES** (1960)
Spécial-Police 225 – **(S-A 15)** – O.C. IX
40. **J'SUIS COMME ÇA** (1960)
Spécial-Police 233 – **(S-A 16)** – O.C. VI
41. **SAN-ANTONIO RENVOIE LA BALLE** (1960)
Spécial-Police 238 – **(S-A 78)** – O.C. VII
42. **BERCEUSE POUR BÉRURIER** (1960)
Spécial-Police 244 – **(S-A 80)** – O.C. IV
43. **NE MANGEZ PAS LA CONSIGNE** (1961)
Spécial-Police 250 – **(S-A 81)** – O.C. XI
44. **LA FIN DES HARICOTS** (1961)
Spécial-Police 259 – **(S-A 83)** – O.C. X
45. **Y A BON, SAN-ANTONIO** (1961)
Spécial-Police 265 – **(S-A 84)** – O.C. VIII
46. **DE « A » JUSQU'À « Z »** (1961)
Spécial-Police 273 – **(S-A 86)** – O.C. XII
47. **SAN-ANTONIO CHEZ LES MAC** (1961)
Spécial-Police 281 – **(S-A 18)** – O.C. VII
48. **FLEUR DE NAVE VINAIGRETTE** (1962)
Spécial-Police 293 – **(S-A 10)** – O.C. I
49. **MÉNAGE TES MÉNINGES** (1962)
Spécial-Police 305 – **(S-A 11)** – O.C. IX
50. **LE LOUP HABILLÉ EN GRAND-MÈRE** (1962)
Spécial-Police 317 – **(S-A 12)** – O.C. X
51. **SAN-ANTONIO CHEZ LES « GONES »** (1962)
Spécial-Police 321 – **(S-A 13)** – O.C. V
52. **SAN-ANTONIO POLKA** (1963)
Spécial-Police 333 – **(S-A 19)** – O.C. V
53. **EN PEIGNANT LA GIRAFE** (1963)
Spécial-Police 343 – **(S-A 14)** – O.C. II
54. **LE COUP DU PÈRE FRANÇOIS** (1963)
Spécial-Police 358 – **(S-A 21)** – O.C. XI
55. **LE GALA DES EMPLUMÉS** (1963)
Spécial-Police 385 – **(S-A 41)** – O.C. V
56. **VOTEZ BÉRURIER** (1964)
Spécial-Police 391 – **(S-A 22)** – O.C. I
57. **BÉRURIER AU SÉRAIL** (1964)
Spécial-Police 427 – **(S-A 87)** – O.C. III

58. **LA RATE AU COURT-BOUILLON** (1965)
Spécial-Police 443 – **(S-A 88)** – O.C. I
59. **VAS-Y BÉRU** (1965)
Spécial-Police 485 – **(S-A 23)** – O.C. VIII
60. **TANGO CHINETOQUE** (1966)
Spécial-Police 511 – **(S-A 24)** – O.C. VI
61. **SALUT, MON POPE !** (1966)
Spécial-Police 523 – **(S-A 25)** – O.C. X
62. **MANGE, ET TAIS-TOI !** (1966)
Spécial-Police 565 – **(S-A 27)** – O.C. XII
63. **FAUT ÊTRE LOGIQUE** (1967)
Spécial-Police 577 – **(S-A 28)** – O.C. X
64. **Y'A DE L'ACTION !** (1967)
Spécial-Police 589 – **(S-A 29)** – O.C. XIII
65. **BÉRU CONTRE SAN-ANTONIO** (1967)
Spécial-Police 613 – **(S-A 31)** – O.C. XII
66. **L'ARCHIPEL DES MALOTRUS** (1967)
Spécial-Police 631 – **(S-A 32)** – O.C. XI
67. **ZÉRO POUR LA QUESTION** (1968)
Spécial-Police 643 – **(S-A 34)** – O.C. XIII
68. **BRAVO, DOCTEUR BÉRU** (1968)
Spécial-Police 661 – **(S-A 35)** – O.C. XIV
69. **VIVA BERTAGA** (1968)
Spécial-Police 679 – **(S-A 37)** – O.C. XIV
70. **UN ÉLÉPHANT, ÇA TROMPE** (1968)
Spécial-Police 697 – **(S-A 38)** – O.C. XIV
71. **FAUT-IL VOUS L'ENVELOPPER ?** (1969)
Spécial-Police 709 – **(S-A 39)** – O.C. XIV
72. **EN AVANT LA MOUJIK** (1969)
Spécial-Police 766 – **(S-A 89)** – O.C. XIV
73. **MA LANGUE AU CHAH** (1970)
Spécial-Police 780 – **(S-A 90)** – O.C. XV
74. **ÇA MANGE PAS DE PAIN** (1970)
Spécial-Police 829 – **(S-A 92)** – O.C. XV
75. **N'EN JETEZ PLUS !** (1971)
Spécial-Police 864 – **(S-A 93)** – O.C. XV
76. **MOI, VOUS ME CONNAISSEZ ?** (1971)
Spécial-Police 893 – **(S-A 94)** – O.C. XV
77. **EMBALLAGE CADEAU** (1972)
Spécial-Police 936 – **(S-A 96)** – O.C. XVI
78. **APPELEZ-MOI CHÉRIE** (1972)
Spécial-Police 965 – **(S-A 97)** – O.C. XVI
79. **T'ES BEAU, TU SAIS !** (1972)
Spécial-Police 980 – **(S-A 99)** – O.C. XVI
80. **ÇA NE S'INVENTE PAS** (1973)
(S-A 1) – O.C. XVI
81. **J'AI ESSAYÉ, ON PEUT** (1973)
(S-A 6) – O.C. XVII
82. **UN OS DANS LA NOCE** (1974)
(S-A 17) – O.C. XVII

83. **LES PRÉDICTIONS DE NOSTRABÉRUS** (1874)
(S-A 20) – O.C. XVII
84. **METS TON DOIGT OÙ J'AI MON DOIGT** (1974)
(S-A 26) – O.C. XVII
85. **SI, SIGNORE** (1974)
(S-A 30) – O.C. XVIII
86. **MAMAN, LES PETITS BATEAUX** (1975)
(S-A 33) – O.C. XVIII
87. **LA VIE PRIVÉE DE WALTER KLOZETT** (1975)
(S-A 36) – O.C. XVIII
88. **DIS BONJOUR À LA DAME** (1975)
(S-A 42) – O.C. XVIII
89. **CERTAINES L'AIMENT CHAUVE** (1975)
(S-A 46) – O.C. XIX
90. **CONCERTO POUR PORTE-JARRETELLES** (1976)
(S-A 52) – O.C. XIX
91. **SUCETTE BOULEVARD** (1976)
(S-A 60) – O.C. XIX
92. **REMETS TON SLIP, GONDOLIER** (1977)
(S-A 64) – O.C. XIX
93. **CHÉRIE, PASSE-MOI TES MICROBES !** (1977)
(S-A 69) – O.C. XX
94. **UNE BANANE DANS L'OREILLE** (1977)
(S-A 75) – O.C. XX
95. **HUE, DADA !** (1977)
(S-A 79) – O.C. XX
96. **VOL AU-DESSUS D'UN LIT DE COCU** (1978)
(S-A 82) – O.C. XX
97. **SI MA TANTE EN AVAIT** (1978)
(S-A 85) – O.C. XXI
98. **FAIS-MOI DES CHOSES** (1978)
(S-A 91) – O.C. XXI
99. **VIENS AVEC TON CIERGE** (1978)
(S-A 95) – O.C. XXI
100. **MON CULTE SUR LA COMMODE** (1979)
(S-A 98) – O.C. XXI
101. **TIRE-M'EN DEUX, C'EST POUR OFFRIR** (1979)
(S-A 100) – O.C. XXII
102. **À PRENDRE OU À LÉCHER** (1980)
(S-A 101) – O.C. XXII
103. **BAISE-BALL À LA BAULE** (1980)
(S-A 102) – O.C. XXII
104. **MEURS PAS, ON A DU MONDE** (1980)
(S-A 103) – O.C. XXII
105. **TARTE À LA CRÈME STORY** (1980)
(S-A 104) – O.C. XXIII
106. **ON LIQUIDE ET ON S'EN VA** (1981)
(S-A 105) – O.C. XXIII
107. **CHAMPAGNE POUR TOUT LE MONDE !** (1981)
(S-A 106) – O.C. XXIII

→ À partir du 108e roman ci-dessous, la numérotation affichée auparavant sur les ouvrages de la collection *« San-Antonio »* correspond à l'ordre chronologique. Le numéro actuel et le précédent sont donc identiques. Mais, pour éviter toute équivoque, nous continuons tout de même à les mentionner l'un et l'autre jusqu'au bout.

108. **LA PUTE ENCHANTÉE** (1982)
(S-A 108) – O.C. XXIII
109. **BOUGE TON PIED QUE JE VOIE LA MER** (1982)
(S-A 109) – O.C. XXIV
110. **L'ANNÉE DE LA MOULE** (1982)
(S-A 110) – O.C. XXIV
111. **DU BOIS DONT ON FAIT LES PIPES** (1982)
(S-A 111) – O.C. XXIV
112. **VA DONC M'ATTENDRE CHEZ PLUMEAU** (1983)
(S-A 112) – O.C. XXV
113. **MORPION CIRCUS** (1983)
(S-A 113) – O.C. XXV
114. **REMOUILLE-MOI LA COMPRESSE** (1983)
(S-A 114) – O.C. XXV
115. **SI MAMAN ME VOYAIT !** (1983)
(S-A 115) – O.C. XXV
116. **DES GONZESSES COMME S'IL EN PLEUVAIT** (1984)
(S-A 116) – O.C. XXVI
117. **LES DEUX OREILLES ET LA QUEUE** (1984)
(S-A 117) – O.C. XXVI
118. **PLEINS FEUX SUR LE TUTU** (1984)
(S-A 118) – O.C. XXVI
119. **LAISSEZ POUSSER LES ASPERGES** (1984)
(S-A 119) – O.C. XXVI
120. **POISON D'AVRIL ou la vie sexuelle de Lili Pute** (1985)
(S-A 120) – O.C. XXVII
121. **BACCHANALE CHEZ LA MÈRE TATZI** (1985)
(S-A 121) – O.C. XXVII
122. **DÉGUSTEZ, GOURMANDES !** (1985)
(S-A 122) – O.C. XXVII
123. **PLEIN LES MOUSTACHES** (1985)
(S-A 123) – O.C. XXVII
124. **APRÈS VOUS S'IL EN RESTE, MONSIEUR LE PRÉSIDENT** (1986)
(S-A 124) – O.C. XXVIII
125. **CHAUDS, LES LAPINS !** (1986)
(S-A 125) – O.C. XXVIII
126. **ALICE AU PAYS DES MERGUEZ** (1986)
(S-A 126) – O.C. XXVIII
127. **FAIS PAS DANS LE PORNO...** (1986)
(S-A 127) – O.C. XXVIII
128. **LA FÊTE DES PAIRES** (1986)
(S-A 128) – O.C. XXIX

129. **LE CASSE DE L'ONCLE TOM** (1987)
(S-A 129) – O.C. XXIX
130. **BONS BAISERS OÙ TU SAIS** (1987)
(S-A 130) – O.C. XXIX
131. **LE TROUILLOMÈTRE À ZÉRO** (1987)
(S-A 131) – O.C. XXIX
132. **CIRCULEZ ! Y A RIEN À VOIR** (1987)
(S-A 132)
133. **GALANTINE DE VOLAILLE POUR DAMES FRIVOLES** (1987)
(S-A 133)
134. **LES MORUES SE DESSALENT** (1988)
(S-A 134)
135. **ÇA BAIGNE DANS LE BÉTON** (1988)
(S-A 135)
136. **BAISSE LA PRESSION, TU ME LES GONFLES !** (1988)
(S-A 136)
137. **RENIFLE, C'EST DE LA VRAIE** (1988)
(S-A 137)
138. **LE CRI DU MORPION** (1989)
(S-A 138)
139. **PAPA, ACHÈTE-MOI UNE PUTE** (1989)
(S-A 139)
140. **MA CAVALE AU CANADA** (1989)
(S-A 140)
141. **VALSEZ, POUFFIASSES** (1989)
(S-A 141)
142. **TARTE AUX POILS SUR COMMANDE** (1989)
(S-A 142)
143. **COCOTTES-MINUTE** (1990)
(S-A 143)
144. **PRINCESSE PATTE-EN-L'AIR** (1990)
(S-A 144)
145. **AU BAL DES ROMBIÈRES** (1990)
(S-A 145)
146. **BUFFALO BIDE** (1991)
(S-A 146)
147. **BOSPHORE ET FAIS RELUIRE** (1991)
(S-A 147)
148. **LES COCHONS SONT LÂCHÉS** (1991)
(S-A 148)
149. **LE HARENG PERD SES PLUMES** (1991)
(S-A 149)
150. **TÊTES ET SACS DE NŒUDS** (1991)
(S-A 150)
151. **LE SILENCE DES HOMARDS** (1992)
(S-A 151)
152. **Y EN AVAIT DANS LES PÂTES** (1992)
(S-A 152)

153. **AL CAPOTE** (1992)
(S-A 153)
154. **FAITES CHAUFFER LA COLLE** (1993)
(S-A 154)
155. **LA MATRONE DES SLEEPINGES** (1993)
(S-A 155)
156. **FOIRIDON À MORBAC CITY** (1993)
(S-A 156)
157. **ALLEZ DONC FAIRE ÇA PLUS LOIN** (1993)
(S-A 157)
158. **AUX FRAIS DE LA PRINCESSE** (1993)
(S-A 158)
159. **SAUCE TOMATE SUR CANAPÉ** (1994)
(S-A 159)
160. **MESDAMES VOUS AIMEZ « ÇA »** (1994)
(S-A 160)
161. **MAMAN, LA DAME FAIT RIEN QU'À ME FAIRE DES CHOSES** (1994)
(S-A 161)
162. **LES HUÎTRES ME FONT BÂILLER** (1995)
(S-A 162)
163. **TURLUTE GRATOS LES JOURS FÉRIÉS** (1995)
(S-A 163)
164. **LES EUNUQUES NE SONT JAMAIS CHAUVES** (1996)
(S-A 164)
165. **LE PÉTOMANE NE RÉPOND PLUS** (1995)
(S-A 165)
166. **T'ASSIEDS PAS SUR LE COMPTE-GOUTTES** (1996)
(S-A 166)
167. **DE L'ANTIGEL DANS LE CALBUTE** (1996)
(S-A 167)
168. **LA QUEUE EN TROMPETTE** (1997)
(S-A 168)
169. **GRIMPE-LA EN DANSEUSE** (1997)
(S-A 169)
170. **NE SOLDEZ PAS GRAND-MÈRE, ELLE BROSSE ENCORE** (1997)
(S-A 170)
171. **DU SABLE DANS LA VASELINE** (1998)
(S-A 171)
172. **CECI EST BIEN UNE PIPE** (1999)
(S-A 172)
173. **TREMPE TON PAIN DANS LA SOUPE** (1999)
(S-A 173)
174. **LÂCHE-LE, IL TIENDRA TOUT SEUL** (1999)
(S-A 174)
(ces deux derniers romans sont à lire à la suite car ils constituent une seule histoire répartie en deux tomes)
175. **CÉRÉALES KILLER** (2001) – parution posthume
(original non numéroté : v. ci-dessous)

B) Les Hors-Collection

Neuf romans, de format plus imposant que ceux de la « série », sont parus depuis 1964. Tous les originaux aux éditions FLEUVE NOIR, forts volumes cartonnés jusqu'en 1971, puis brochés. Ces ouvrages sont de véritables feux d'artifice allumés par la verve de leur auteur. L'humour atteint souvent ici son paroxysme. Bérurier y tient une place « énorme », au point d'en être parfois la vedette !

Remarque importante : outre ces neuf volumes, de nombreux autres « Hors-Collection » – originaux ou rééditions de *Frédéric Dard* – signés **San-Antonio** ont été publiés depuis 1979. Ces livres remarquables, souvent bouleversants *(Faut-il tuer les petits garçons qui ont les mains sur les hanches ?, La vieille qui marchait dans la mer, Le dragon de Cracovie...)* ne concernent pas notre policier de choc et de charme. Sont mentionnés dans les « Hors-Collection » ci-dessous uniquement les romans dans lesquels figure le *Commissaire San-Antonio !*

- **L'HISTOIRE DE FRANCE VUE PAR SAN-ANTONIO**, 1964 – réédité en 1997 sous le titre **HISTOIRE DE FRANCE**
- **LE STANDINGE SELON BÉRURIER**, 1965 – réédité en 1999 sous le titre **LE STANDINGE**
- **BÉRU ET CES DAMES**, 1967 – réédité en 2000
- **LES VACANCES DE BÉRURIER**, 1969 – réédité en 2001
- **BÉRU-BÉRU**, 1970 – réédité en 2002
- **LA SEXUALITÉ**, 1971
- **LES CON**, 1973
- **SI QUEUE-D'ÂNE M'ÉTAIT CONTÉ**, 1976 (aventure entièrement vécue et racontée par Bérurier) – réédité en 1998 sous le titre *QUEUE D'ÂNE*
- **NAPOLÉON POMMIER**, 2000

→ Paru en 2001 dans un format « moyen » non numéroté, **CÉRÉALES KILLER** est bien le 175e roman de la série *San-Antonio.* Réédité en poche en 2003.

2. Guide thématique de la série « San-Antonio »

Les aventures de San-Antonio sont d'une telle richesse que toute tentative pour les classifier ne prêterait – au mieux – qu'à sourire si l'on devait s'en tenir là. Une mise en schéma d'une telle œuvre n'a d'intérêt que comme jalon, à dépasser d'urgence pour aller voir « sur place ». Comment rendre compte d'une explosion permanente ? Ce petit guide thématique n'est donc qu'une « approche », partielle, réductrice, observation d'une constellation par le tout petit bout de la lorgnette. San-Antonio, on ne peut le connaître qu'en le lisant, tout entier, en allant se regarder soi-même dans le miroir que nous tend cet auteur de génie, le cœur et les yeux grands ouverts.

Dans les 175 romans numérotés parus au Fleuve Noir, on peut dénombrer, en simplifiant à l'extrême, 10 types de récits différents. Bien entendu, les sujets annexes abondent ! C'est pourquoi seul a été relevé ce qu'on peut estimer comme le thème « principal » de chaque livre.

Le procédé vaut ce qu'il vaut, n'oublions pas que « simplifier c'est fausser ». Mais il permet – en gros, en très gros ! – de savoir de quoi parlent les *San-Antonio,* sur le plan « polar ». J'insiste : gardons à l'esprit que là n'est pas le plus important. *Le plus important, c'est ce qui se passe entre le lecteur et l'auteur, et qu'on ne pourra jamais classer dans telle ou telle catégorie.*

Avertissement

Comme il serait beaucoup trop long de reprendre tous les titres, seuls leurs *numéros* sont indiqués sous chaque rubrique. ATTENTION : ce sont les numéros de la collection *« San-Antonio »* référencée **S-A** dans la bibliographie ! En effet, les ouvrages de cette collection sont et seront encore disponibles pendant longtemps.

Néanmoins, ces numéros sont chaque fois rangés dans l'ordre chronologique des parutions, du plus ancien roman au plus récent.

A. Aventures de Guerre, ou faisant suite à la Guerre.

Pendant le conflit 39-45, San-Antonio est l'as des *Services Secrets.* Résistance, sabotages, chasse aux espions avec actions d'éclat. On plonge ici dans la « guerre secrète ».

→ S-A **107** (reprise du tout premier roman de 1949) • S-A **43** • S-A **44** • S-A **47**

Dans les années d'après-guerre, le commissaire poursuit un temps son activité au parfum de contre-espionnage (espions à identifier, anciens collabos, règlements de comptes, criminels de guerre, trésors de guerre). Ce thème connaît certains prolongements, bien des années plus tard.

→ S-A **45** • S-A **50** • S-A **63** • S-A **68** • S-A **78**

B. Lutte acharnée contre anciens (ou néo-)nazis

La Guerre n'est plus du tout le « motif » de ces aventures, même si l'enquête oppose en général San-Antonio à d'anciens nazis, avec un fréquent *mystère à élucider.* C'est pourquoi il était plus clair d'ouvrir une nouvelle rubrique. Les ennemis ont changé d'identité et refont surface, animés de noires intentions ; à moins qu'il s'agisse de néo-nazis, tout aussi malfaisants.

→ S-A **54** • S-A **58** • S-A **59** • S-A **38** • S-A **92** • S-A **93** • S-A **42** • S-A **123** • S-A **151**

C. San-Antonio opposé à de dangereux trafiquants

Le plus souvent en mission à l'étranger, San-Antonio risque sa vie pour venir à bout d'individus ou réseaux qui s'enrichissent dans le trafic de la drogue, des armes, des diamants… Les aventures démarrent pour une autre raison puis le trafic est découvert et San-Antonio se lance dans la bagarre.

→ S-A **3** • S-A **65** • S-A **67** • S-A **18** • S-A **14** • S-A **110** • S-A **159**

D. San-Antonio contre Sociétés Secrètes : un homme traqué !

De puissantes organisations ne reculent devant rien pour conquérir pouvoir et richesse : *Mafia* (affrontée par ailleurs de manière « secondaire ») ou *sociétés secrètes* asiatiques. Elles feront de notre héros un homme traqué, seul contre tous. Il ne s'en sortira qu'en déployant des trésors d'ingéniosité et de courage.

→ S-A **51** • S-A **138** • S-A **144** • S-A **160** • S-A **170** • S-A **171** • S-A **172** • S-A **173**

Certains réseaux internationaux visent moins le profit que le chaos universel. San-Antonio doit alors défier lors d'aventures échevelées des groupes *terroristes* qui cherchent à dominer le monde. Frissons garantis !

→ S-A **34** • S-A **85** • S-A **103** • S-A **108**

E. Aventures *personnelles* : épreuves physiques et morales

Meurtri dans sa chair et ses sentiments, San-Antonio doit *s'arracher à des pièges mortels.* Sa « personne » – sa famille, ses amis – est ici directement visée par des individus pervers et obstinés. Jeté aux enfers, il remonte la pente et nous partageons ses tourments. C'est sans doute la raison pour laquelle plusieurs de ces romans prennent rang de *chefs-d'œuvre.* Bien souvent, le lecteur en sort laminé par les émotions éprouvées, ayant tout vécu de l'intérieur !

→ S-A **61** • S-A **70** • S-A **86** • S-A **27** • S-A **97** • S-A **36** • S-A **111** • S-A **122** • S-A **131** • S-A **132** • S-A **139** • S-A **140** • S-A **174** • **175**

F. À la poursuite de voleurs ou de meurtriers

Pour autant, on peut rarement parler de polars « classiques ». Ce sont clairement des *enquêtes,* mais à la manière (forte) de San-Antonio !

• Enquêtes « centrées » sur le vol ou l'escroquerie

Les meurtres n'y manquent pas, mais l'affaire tourne toujours autour d'un vol (parfois chantage, ou fausse monnaie...). Peu à peu, l'étau se resserre autour des malfaiteurs, que San-Antonio, aux méthodes « risquées », finit par ramener dans ses filets grâce à son cerveau, ses poings et ses adjoints.

→ S-A **2** • S-A **62** • S-A **73** • S-A **80** • S-A **10** • S-A **25** • S-A **90** • S-A **113** • S-A **149**

• Enquêtes « centrées » sur le meurtre

À l'inverse, ces aventures ont le meurtre pour fil conducteur. San-Antonio doit démêler l'écheveau et mettre la main sur le coupable, en échappant bien des fois à la mort. Vol et chantage sont encore d'actualité, mais au second plan.

→ S-A **55** • S-A **8** • S-A **76** • S-A **9** • S-A **5** • S-A **81** • S-A **83** • S-A **84** •

S-A **41** • S-A **22** • S-A **23** • S-A **28** • S-A **35** • S-A **94** • S-A **17** • S-A **26** • S-A **60** • S-A **100** • S-A **116** • S-A **127** • S-A **128** • S-A **129** • S-A **133** • S-A **135** • S-A **137** • S-A **143** • S-A **145** • S-A **152** • S-A **161** • S-A **163**

• (Variante) **Vols ou meurtres** ***dans le cadre d'une même famille***
→ S-A **4** • S-A **7** • S-A **74** • S-A **46** • S-A **91** • S-A **114** • S-A **141** • S-A **148** • S-A **154** • S-A **165**

G. Affaires d'enlèvements

Double but à cette *poursuite impitoyable* : retrouver les ravisseurs et préserver les victimes !

→ S-A **56** (porté à l'écran sous le titre *Sale temps pour les mouches*) • S-A **16** • S-A **13** • S-A **19** • S-A **39** • S-A **52** • S-A **118** • S-A **125** • S-A **126** • S-A **136** • S-A **158**

H. Attentats ou complots contre hauts personnages

Chaque récit tourne autour d'un attentat – visant souvent la sécurité d'un état – que San-Antonio doit à tout prix empêcher, à moins qu'il n'ait pour mission de… l'organiser au service de la France !

→ • S-A **48** • S-A **77** • S-A **11** • S-A **21** • S-A **88** • S-A **96** • S-A **33** • S-A **95** • S-A **98** • S-A **102** • S-A **106** • S-A **109** • S-A **120** • S-A **124** • S-A **130**

I. Une aiguille dans une botte de foin !

À partir d'indices minuscules, San-Antonio doit *mettre la main sur un individu, une invention, un document* d'un intérêt capital. Chien de chasse infatigable, héroïque, il ira parfois au bout du monde pour dénicher sa proie.

→ S-A **49** • S-A **53** • S-A **57** • S-A **66** • S-A **71** • S-A **72** • S-A **40** • S-A **15** • S-A **12** • S-A **87** • S-A **24** • S-A **29** • S-A **31** • S-A **37** • S-A **89** • S-A **20** • S-A **30** • S-A **69** • S-A **75** • S-A **79** • S-A **82** • S-A **101** • S-A **104** • S-A **105** • S-A **112** • S-A **115** • S-A **117** • S-A **119** • S-A **121** • S-A **134** • S-A **142** • S-A **146** • S-A **147** • S-A **150** • S-A **153** • S-A **156** • S-A **157** • S-A **164** • S-A **166** • S-A **167**

J. Aventures aux thèmes entremêlés

Quelques récits n'ont pris place – en priorité du moins – dans aucune des rubriques précédentes. Pour ceux-là, le choix aurait été artificiel car aucun des motifs ne se détache du lot : ils s'ajoutent ou s'insèrent l'un dans l'autre. La caractéristique est donc ici *l'accumulation des thèmes.*

→ S-A **32** • S-A **99** • S-A **1** • S-A **6** • S-A **64** • S-A **155** • S-A **162** • S-A **168** • S-A **169**

SANS OUBLIER…

Voilà donc répartis en thèmes simplistes *tous* les ouvrages de la série. Mais les préférences de chacun sont multiples. Plus d'un lecteur choisira de s'embarquer dans un « San-Antonio » pour des raisons fort éloignées de la thématique du polar. Encore heureux ! On dépassera alors le point de vue du spécialiste, pour ranger de nombreux titres sous des bannières différentes. Avec un regard de plus en plus coloré par l'affection.

Note

Contrairement à ce qui précède, certains numéros vont apparaître ici à plusieurs reprises. C'est normal : on peut tout à la fois éclater de rire, pleurer, s'émerveiller, frissonner, s'émouvoir... dans un même *San-Antonio !*

- ***Incursions soudaines dans le fantastique***

Au cours de certaines affaires, on bascule tout à coup dans une ambiance mystérieuse, avec irruption du « fantastique ». San-Antonio se heurte à des faits *étranges :* sorcellerie, paranormal, envoûtement...

→ S-A **28** • S-A **20** • S-A **129** • S-A **135** • S-A **139** • S-A **140** • S-A **152** • S-A **172** • S-A **174**

- ***Inventions redoutables et matériaux extraordinaires***

Dans plusieurs romans, le recours à un attirail futuriste entraîne une irruption soudaine de la *science-fiction.* Il arrive même qu'il serve de motif au récit. Voici un échantillon de ces découvertes fabuleuses pour lesquelles on s'entretue :

Objectif fractal (un grain de beauté photographié par satellite !), réduction d'un homme à 25 cm, armée tenue en réserve par cryogénisation, échangeur de personnalité, modificateur de climats, neutraliseur de volonté, lunettes de télépathie, forteresse scientifique édifiée sous la Méditerranée, fragment d'une météorite transformant la matière en glace, appareil à ôter la mémoire, microprocesseur réactivant des cerveaux morts, et j'en passe... !

→ S-A **57** • S-A **12** • S-A **41** • S-A **23** • S-A **34** • S-A **35** • S-A **37** • S-A **89** • S-A **17** • S-A **20** • S-A **30** • S-A **64** • S-A **69** • S-A **75** • S-A **105** • S-A **123** • S-A **129** • S-A **146**

- ***Savants fous et terrifiantes expériences humaines***

→ S-A **30** • S-A **52** • S-A **116** • S-A **127** • S-A **163**

- ***Romans « charnière »***

Sont ainsi désignés les romans où apparaît pour la première fois un nouveau personnage, qui prend définitivement place aux côtés de San-Antonio.

S-A **43** :	Félicie (sa mère), *en 1950.*
S-A **45** :	Le Vieux (Achille), *en 1952.*
S-A **49** :	Bérurier, *en 1953.*
S-A **53** :	Pinaud, *en 1954.*
S-A **66** :	Berthe (première apparition physique), *en 1957.*
S-A **37** :	Marie-Marie, *en 1968.*

S-A **94** : Toinet (ou Antoine, le fils adoptif de San-Antonio), *en 1971*.
S-A **128** : Jérémie Blanc, *en 1986.*
S-A **168** : Salami, en *1997*.
S-A **173** : Antoinette (fille de San-Antonio et Marie-Marie), en *1999.*

Mathias, le technicien rouquin, est apparu peu à peu, sous d'autres noms.

- ***Bérurier et Pinaud superstars !***

Le Gros, l'Inénarrable, Béru ! est sans conteste le plus brillant « second » du commissaire San-Antonio. Présent dans la majorité des romans, il y déploie souvent une activité débordante. Sans se hisser au même niveau, le doux et subtil Pinaud tient aussi une place de choix…

· *participation* importante *de Bérurier*
→ S-A **18** • S-A **10** • S-A **11** • S-A **14** • S-A **22** • S-A **88** • S-A **23** • S-A **24** • S-A **27** • S-A **28** • S-A **32** • S-A **34** • S-A **37** • S-A **89** • S-A **90** • S-A **93** • S-A **97** • S-A **1** • S-A **20** • S-A **30** • S-A **33** • S-A **46** • S-A **52** • S-A **75** • S-A **101** • S-A **104** • S-A **109** • S-A **116** • S-A **126** • S-A **145** • S-A **163** • S-A **166**

N'oublions pas les « Hors-Collection », avec notamment *Queue d'âne* où Bérurier est seul présent de bout en bout !

· *participation* importante *de Bérurier* et *Pinaud*
→ S-A **12** • S-A **87** • S-A **25** • S-A **35** • S-A **96** • S-A **105** • S-A **111** • S-A **148** (fait exceptionnel : San-Antonio ne figure pas dans ce roman !) • S-A **156**

- ***Marie-Marie, de l'enfant espiègle à la femme mûre***

Dès son apparition, Marie-Marie a conquis les lecteurs. La fillette malicieuse, la « Musaraigne » éblouissante de *Viva Bertaga* qui devient femme au fil des romans est intervenue dans plusieurs aventures de San-Antonio.

· *Fillette espiègle et débrouillarde :*
→ S-A **37** • S-A **38** • S-A **39** • S-A **92** • S-A **99**

· *Adolescente indépendante et pleine de charme :*
→ S-A **60** • S-A **69** • S-A **85**

· *Belle jeune femme, intelligente et profonde :*
Il ne s'agit parfois que d'apparitions intermittentes.
→ S-A **103** • S-A **111** • S-A **119** • S-A **120** • S-A **131** (où Marie-Marie devient veuve !) • S-A **139** • S-A **140** • S-A **152**

· *Femme mûre, mère d'Antoinette (fille de San-Antonio) :*
→ S-A **173** • S-A **174** • **175**

- ***Le rire***

Passé la première trentaine de romans (et encore !), le *rire* a sa place dans toutes les aventures de San-Antonio, si l'humour, lui, est *partout,* y compris au cœur de la colère, de l'amour et de la dérision. Mais plusieurs aventures atteignent au délire et nous transportent vraiment d'hilarité par endroits. Dans cette catégorie décapante, on conseillera vivement :

→ S-A **10** • S-A **14** • S-A **87** • S-A **88** • S-A **23** • S-A **25** • S-A **2** • S-A **35**

Y ajouter, là encore, tous les « Hors-Collection ». Qui n'a pas lu *Le Standinge, Béru-Béru* ou *Les vacances de Bérurier* n'a pas encore exploité son capital rire. Des romans souverains contre la morosité, qui devraient être remboursés par la Sécurité Sociale !

- ***Grandes épopées planétaires***

San-Antonio – le plus souvent accompagné de Bérurier – nous entraîne aux quatre coins de la planète dans des aventures épiques et « colossales ». Humour, périls mortels, action, rebondissements.

→ S-A **10** • S-A **87** • S-A **88** • S-A **24** • S-A **37** • S-A **89**

- ***Les « inoubliables »***

Je rangerais sous ce titre quelques romans-choc (dont certains ont déjà été cités plusieurs fois, notamment dans les épopées ci-dessus). On tient là des *chefs-d'œuvre,* où l'émotion du lecteur est à son comble. Bien sûr, c'est subjectif, mais quel autre critère adopter pour ce qui relève du coup de cœur ? Lisez-les : vous serez vite convaincus !

→ S-A **61** • S-A **70** • S-A **83** • S-A **10** • S-A **87** • S-A **88** • S-A **24** • S-A **25** • S-A **37** • S-A **111** • S-A **132** • S-A **140**

POUR FINIR...

Il ne me reste plus qu'à souhaiter à tous ceux qui découvrent les aventures de San-Antonio (comme je les envie !) des voyages colorés, passionnants, émouvants, trépidants, surprenants, pathétiques, burlesques, magiques, étranges, inattendus ; des séjours enfiévrés ; des rencontres mémorables ; des confidences où l'intime se mêle à l'épopée.

Quant aux autres, ils savent déjà tout ça, n'est-ce pas ?

Ce qui ne les empêche pas de revisiter à tout instant la série *San-Antonio,* monument de la littérature d'évasion, pour toujours inscrit à notre patrimoine.

Raymond Milési

Correspondance entre l'ancienne numérotation de la collection « San-Antonio » et la nouvelle numérotation chronologique *portée sur chaque roman réimprimé à partir de 2003.*

S-A	→	***chrono***
S-A 1	→	***80***
S-A 2	→	***9***
S-A 3	→	***10***
S-A 4	→	***11***
S-A 5	→	***38***
S-A 6	→	***81***
S-A 7	→	***31***
S-A 8	→	***32***
S-A 9	→	***37***
S-A 10	→	***48***
S-A 11	→	***49***
S-A 12	→	***50***
S-A 13	→	***51***
S-A 14	→	***53***
S-A 15	→	***39***
S-A 16	→	***40***
S-A 17	→	***82***
S-A 18	→	***47***
S-A 19	→	***52***
S-A 20	→	***83***
S-A 21	→	***54***
S-A 22	→	***56***
S-A 23	→	***59***
S-A 24	→	***60***
S-A 25	→	***61***
S-A 26	→	***84***
S-A 27	→	***62***
S-A 28	→	***63***
S-A 29	→	***64***
S-A 30	→	***85***
S-A 31	→	***65***
S-A 32	→	***66***
S-A 33	→	***86***
S-A 34	→	***67***
S-A 35	→	***68***
S-A 36	→	***87***
S-A 37	→	***69***
S-A 38	→	***70***
S-A 39	→	***71***
S-A 40	→	***30***
S-A 41	→	***55***
S-A 42	→	***88***
S-A 43	→	***2***
S-A 44	→	***3***
S-A 45	→	***4***
S-A 46	→	***89***
S-A 47	→	***5***
S-A 48	→	***6***
S-A 49	→	***7***
S-A 50	→	***8***
S-A 51	→	***12***
S-A 52	→	***90***
S-A 53	→	***13***
S-A 54	→	***14***
S-A 55	→	***15***
S-A 56	→	***16***

S-A 57	→	***17***
S-A 58	→	***18***
S-A 59	→	***19***
S-A 60	→	***91***
S-A 61	→	***20***
S-A 62	→	***21***
S-A 63	→	***22***
S-A 64	→	***92***
S-A 65	→	***23***
S-A 66	→	***24***
S-A 67	→	***25***
S-A 68	→	***26***
S-A 69	→	***93***
S-A 70	→	***27***
S-A 71	→	***28***
S-A 72	→	***29***
S-A 73	→	***33***
S-A 74	→	***34***
S-A 75	→	***94***
S-A 76	→	***35***
S-A 77	→	***36***
S-A 78	→	***41***
S-A 79	→	***95***
S-A 80	→	***42***
S-A 81	→	***43***
S-A 82	→	***96***
S-A 83	→	***44***
S-A 84	→	***45***
S-A 85	→	***97***
S-A 86	→	***46***
S-A 87	→	***57***
S-A 88	→	***58***
S-A 89	→	***72***
S-A 90	→	***73***
S-A 91	→	***98***
S-A 92	→	***74***
S-A 93	→	***75***
S-A 94	→	***76***
S-A 95	→	***99***
S-A 96	→	***77***
S-A 97	→	***78***
S-A 98	→	***100***
S-A 99	→	***79***
S-A 100	→	***101***
S-A 101	→	***102***
S-A 102	→	***103***
S-A 103	→	***104***
S-A 104	→	***105***
S-A 105	→	***106***
S-A 106	→	***107***
S-A 107	→	***1***

À partir du n° **108**, les numéros de la collection « **S-A** » coïncident exactement avec les numéros ***chronologiques***.

R. Milési

Achevé d'imprimer sur les presses de

BUSSIÈRE

GROUPE CPI

à Saint-Amand-Montrond (Cher)
en avril 2004

FLEUVE NOIR
12, avenue d'Italie
75627 Paris Cedex 13
Tél. : 01-44-16-05-00

— N° d'imp. : 42131. —
Dépôt légal : mai 2003.

Imprimé en France